Johann Hinrich Wichern
1808-1881

Dietrich Sattler

Anwalt der Armen, Missionar der Kirche

Johann Hinrich Wichern
1808-1881

Agentur des Rauhen Hauses Hamburg

Abbildungen:

Umschlag: Portrait Johann Hinrich Wichern
Innen: Johann Hinrich Wichern, Bleistiftzeichnung
von Georg Carl Hoff, 1845

Die Schreibweise entspricht den Regeln der neuen
Rechtschreibung. Orthographie und Interpunktion in Zitaten
entsprechen den Originalquellen.
Der Umwelt zuliebe gedruckt auf chlorfrei gebleichtem
Werkdruckpapier.

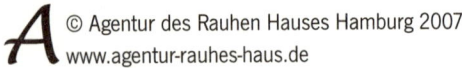
Gesetzt aus der News Gothic
bei W. Bensberg
Lithografiert bei connected 2000 GmbH, Hamburg
Druck und Bindung bei GRASPO CZ a.s., Tschechische Republik

ISBN 978-3-7600-1197-4 · Best.-Nr. 1 1197-4

Inhalt

Erstes Kapitel

Frommes Kind, fleißiger Student

Am 4. Oktober 1828 bestieg im Städtchen Bergedorf bei Hamburg ein junger Mann die Postkutsche nach Braunschweig. Gute zwei Wochen sollte der angehende Theologe teils per Post, teils zu Fuß bis nach Göttingen unterwegs sein. Der Abschied von seiner Vaterstadt Hamburg, von Familie und vielen Freunden ist ihm schwergefallen.

Aber Johann Hinrich Wichern hatte Großes vor. Schon als Schüler hat er regelmäßig in der Bibel gelesen, sonntags am Gottesdienst teilgenommen und mit Freunden über Glaube und Christentum nachgedacht. „O könnte die Menschenfischerei mein Handwerk bleiben mein Lebelang", trug er mit gerade achtzehn Jahren in sein Tagebuch ein[1]. Kein Schreibtischgelehrter, sondern ein praktischer Theologe wollte Wichern werden. Am 21. Oktober erreichte er die Göttinger Universität. Einen Tag später wurde er immatrikuliert. Keiner seiner Professoren ahnte, dass unter ihrem Katheder ein fleißiger und überaus wissbegieriger Christ Platz genommen hatte, der den Protestantismus in Deutschland karitativ wachrütteln und in die Moderne führen sollte.

Johann Hinrich Wichern wurde am 21. April 1808 in Hamburg als Ältester von sieben Geschwistern geboren. Die Eltern stammten aus einfachen Verhältnissen. Die Vorfahren des Vaters waren Leineweber, Krüger und Arbeiter, die der Mutter u. a. Händler und Buchhalter. Wicherns Vater, 1775 in Hamburg geboren, sollte ursprünglich Küfer werden, war jedoch wegen eines Lungenleidens für ein Handwerk ungeeignet. Stattdessen verdiente er sich seinen Lebensunterhalt als Kutscher, später als Schreiber. Umso eifriger strebte er nach einer einträglicheren Beschäftigung. Zehn Fremdsprachen brachte er sich im Selbststudium bei. Das trug ihm eine Stellung bei dem Schiffsregistrator, Notar und Übersetzer Johann Heinrich Hübbe ein. Hier hat sich Vater Wichern fachlich so bewährt, dass er 1806 zum Notar ernannt und von Hübbe als Partner aufgenommen wurde.

Johann Hinrich wuchs in bewegten Zeiten auf. Seit 1806 lagerten napoleonische Truppen in Hamburg, 1810 wurde die Stadt ein Département des französischen Kaiserreiches. Handel und Geschäfte liefen schlecht. Wegen der Kontinentalsperre liefen nur wenige Schiffe den Hafen an. Schlimm kam es für die Bevölkerung, als 1813 russische Truppen vor der Stadt erschienen. Zehntausende flohen in die Umgebung – so auch die Wichernfamilie. Vorübergehend kam sie im Alten Land unter. „Hier lehrte mich mein Vater die Anfangsgründe des Schreibens", schrieb Wichern rückblickend in sein Tagebuch, „lesen konnte ich schon handlich."[2] Als die Franzosen geschlagen aus Hamburg abzogen, kehrten die

Wicherns zurück. Rasch normalisierten sich die Verhältnisse, und für Johann Hinrich endete die pflichtenlose Kindheit. Die Eltern schickten ihn 1814 auf die Privatschule von Johann Georg Ehlers, einem der Pädagogik Pestalozzis zugeneigten Theologen.

Wicherns erstes Zeugnis bescheinigte dem Knaben einen „liebevollen, sanften, freundlichen Sinn", hob die „Entwicklung seiner Vernunft, seines religiösen Sinnes und seiner Einbildungskraft und Phantasie" hervor und rühmte schließlich seine sängerische Begabung: „Es läßt sich in dieser Hinsicht etwas Vorzügliches von ihm erwarten."[3] Vor allem die letzte Bemerkung wird den Vater gefreut haben. Auf musikalische Bildung legte er Wert. Regelmäßig sang er Lieder mit seinem Sohn und finanzierte ihm Musikunterricht.

Mit zehn Jahren verließ Johann Hinrich die Ehlers'sche Privatschule und wechselte auf

Hamburgs berühmte Gelehrtenschule, das Johanneum. Zu seinen Lieblingsfächern zählten Latein, Griechisch und Geschichte; Mathematik interessierte ihn weniger; im Deutschen verstand er, sich gewandt auszudrücken. Unbeschwert zur Schule gegangen ist Wichern allerdings nicht. Rückblickend hielt er im Tagebuch fest: „Ich war ziemlich faul, wie meine Lehrer sagten, obwol sie mir doch wol etwas Unrecht thaten ... Denn ich arbeitete jede Nacht mit stupendem Fleiß bis eins, zwei, und machte keine der gebräuchlichen Vergnügungen mit."[4] Er tat es auch dem ehrgeizigen Vater zu Gefallen, der den Sohn konsequent, aber herzlich förderte. Dieser genoss die väterliche Unterstützung. Später freilich räumte er ein, überfordert gewesen zu sein, weil „mein so guter Vater meine Entwicklung beschleunigen wollte."[5]

Am 14. August 1823 brach über die Wichernfamilie eine Katastrophe herein. Der Vater starb an seiner Lungenkrankheit. Von einem auf den anderen Tag musste seine Witwe für sieben Kinder sorgen. Da ihr Mann wenig Vermögen hinterlassen hatte, begann Caroline Wichern, geb. Wittstock, Zimmer zu vermieten und als Wollhändlerin Geld zu verdienen. Aber das reichte nicht. Johann Hinrich ließ sich in die Pflicht nehmen. Mit Privatstunden in Hamburger Bürgerfamilien besserte der 15-Jährige das Familienbudget auf. Nebenher ging er weiter zur Schule. Doch auf Dauer konnten seine und die schmalen Einkünfte der Mutter die große Familie nicht ernähren. Schweren Herzens brach Wichern die Schule ab und trat eine Stelle als Gehilfe in einer christlichen Erziehungsanstalt an, die Johann Ludwig Emmanuel Pluns im Stadtteil Harvestehude eröffnet hatte. Hier waren Söhne begüterter Eltern zu betreuen und zu unterrichten.

Obwohl unerfahren, nahm Wichern seine Erzieheraufgabe nicht nur ernst, sondern wuchs an ihr. Herzlich war er den, wie man damals sagte, „Zöglingen" zugetan und verstand es, sich ihr

Vertrauen zu erwerben. Im September 1826 begann er, Tagebuch zu schreiben. Auch die Arbeit als Erziehungsgehilfe fand dort Niederschlag. Freimütig berichtete Wichern von Auseinandersetzungen mit schwierigen Kindern, von Erfolgen und von pädagogischen Niederlagen. Zugleich rang er um sein Selbstverständnis als Zeitgenosse und Christenmensch. Während seiner Zeit bei Pluns ist Wichern sich klar geworden, dass er sich zu einer bewusst christlichen Existenz berufen fühlte, dass ihm die Arbeit mit Menschen lag – dass er Theologe werden wollte.

Zunächst aber musste Wichern wieder die Schulbank drücken. Am 31. März 1826 schrieb er sich zur Vorbereitung auf ein Universitätsstudium beim Hamburger Akademischen Gymnasium ein. Dort frischte er seine Kenntnisse in Latein und Griechisch auf. Er lernte Hebräisch und besuchte theologische sowie historische Vorlesungen. In der Freizeit vertiefte er sich in die Hauptwerke der antiken und deutschen Klassiker. Vor allem jedoch studierte er die Bibel. Nahezu jeden Abend schrieb er ein ganzes Kapitel ab und arbeitete mit durchaus kritischem Blick Übersetzungen und Kommentare durch.

Wicherns religiöse Entwicklung hat wesentlich die Hamburger Erweckungsbewegung geprägt. Die meisten Hamburger Pastoren damals waren Rationalisten. Sie lehnten die Offenbarung der Bibel ab. Jesus war für sie nicht mehr der aus Gott geborene Erlöser, sondern ein erhabener Lehrer allgemeiner Humanität. Eine Minderheit dagegen, von den Rationalisten als „Mystizisten" abgetan, hielt an der biblischen Offenbarung fest. Sie predigten Christus als Heiland der ewigen Liebe Gottes, der den Menschen aus Sünde und Gottesferne erlöst.

Schon Wicherns Eltern besuchten bevorzugt die Gottesdienste dieser „erweckten" Pastoren wie Ludwig Christian Strauch, Johann Wilhelm Rautenberg oder Otto Ludwig Sigismund Wolters.

Auch Johann Hinrich saß unter ihren Kanzeln. Besonders Rautenberg und Wolters hatten es ihm angetan. Beiden verdankt der junge Wichern einen sehr persönlichen, keineswegs naiven Bibelglauben.

Kirchenpolitisch standen sich Vernunft- und Offenbarungstheologen feindlich gegenüber. In Streitschriften zogen sie öffentlich übereinander her. Auch Laien griffen zur Feder – so Hamburgs Polizeisenator Martin Hieronymus Hudtwalcker, Wicherns väterlicher Freund und später Mitbegründer des Rauhen Hauses. Eindeutig die Oberhand in der Stadt hatten die Rationalisten. Ihre aufgeklärt „vernünftige" Religion entsprach dem nüchternen Geist der Hamburger Kaufleute weit mehr als die gefühlsbetonte Frömmigkeit der Erweckten. Diese hatten Rückhalt überwiegend im Mittelstand, unter Handwerkern und Arbeitern. Nur wenige Patrizierfamilien wie die Repsolds, Sievekings, Hübbes, Waitzs und Lorenz-Meyers hielten sich zum Kreis der Erweckten. Zu einigen dieser Familien war Wichern als Privatlehrer ihrer Kinder ins Haus gekommen. Sie schätzten seine Wachheit, seine fromme Gesinnung und nicht zuletzt seine musikalischen Fähigkeiten. Wichern spielte bemerkenswert gut Klavier und verfügte über einen angenehme Bassstimme. Wiederholt wurde er zu Hausmusiken eingeladen. Man sang Mozarts Requiem oder Haydns „Sieben Worte am Kreuz", dann und wann sogar eine Oper. Gelegentlich spielte Wichern auf dem Klavier auch zum Tanz auf.

Trotz aller religiösen Ernsthaftigkeit ging es in den erweckten Bürgerfamilien gesellig, intellektuell anspruchsvoll und weltläufig zu. Wicherns weit gespannten Interessen kam es entgegen. Geradezu geehrt fühlte er sich, als er in den „Christlichen Verein" aufgenommen wurde, dem junge Kaufleute, Studenten und Künstler angehörten. Jeden Sonnabend trafen sie sich bei „Brod und Bier"[6], lasen einander vor oder diskutierten aktuelle Fragen der Zeit sowie der Kirche.

Wichern genoss die berufliche Vielfalt und den frommen Freimut im Freundeskreis. Geistige Enge war ihm fremd. Kleinkariert, ja krankhaft sei ein Christentum, formulierte er als reifer Mann, das „kein volkstümliches, kein staatlich und bürgerlich sich ausgestaltendes, kein wissenschaftliches, kein künstlerisches und ebenso wenig echt kirchliches Leben mit vollem Herzen vollgültig anerkennen kann."[7]

Im Spätsommer 1828 bekam Wichern vom Rektor des Akademischen Gymnasiums das Abgangszeugnis überreicht. Nun hieß es, Abschied zu nehmen von der Familie, von den Freunden des „Vereins" und vielen namhaften Gönnern, die ihm zu Stipendien verholfen hatten. Der jetzt Zwanzigjährige freute sich auf die Universität: „Was muß sich da arbeiten lassen!", vertraute er seinem Tagebuch an. „Neben der Heiligung soll dem Theologen das Streben nach Ausbildung des wissenschaftlichen Sinns das erste Bedürfniß seyn."[8] Niemand seiner Freunde und Unterstützer zweifelte an Wicherns Ehrgeiz, ein gebildeter Theologe zu werden.

Bei seiner Immatrikulation in Göttingen am 22. Oktober musste Wichern die berüchtigten Karlsbader Beschlüsse unterschreiben, die Studenten politische Betätigung und den Zusammenschluss zu Verbindungen verboten. Weder auf das eine noch auf das andere war Wichern aus.

Er wollte studieren und tat es, wie es seine Art war, ausgesprochen gewissenhaft. „Jeden Morgen stehe ich um 6 Uhr auf", schrieb er über seinen Studentenalltag nach Hause, „ich braue meinen Kaffee eigenhändig und arbeite bis 8 Uhr, und zwar Hebräisch. Dann wird ins Kolleg gegangen; da doziert mein alter würdiger Professor Planck Kirchengeschichte. Um 9 Uhr zu Professor Lücke, der die Apostelgeschichte erklärt und alle Zuhörer (es sind über 150) mit sich fortreißt. Um 10 Uhr Erklärung der Psalmen bei Professor Ewald. Um 11 nach Hause und mit

Eduard Huther[9] Lateinisch gelesen. Um 12 Uhr
wird gegessen. Den ganzen Nachmittag wird ge-
arbeitet, nur abends ein halb Stündchen Pause
gemacht, und nach Hamburger Weise Thee und
Butterbrot genossen."[10]

Wichtigste Lehrer Wicherns in Göttingen waren
Friedrich Lücke und Heinrich Georg August
Ewald. Beide brachten ihren Studenten bei, die
Bibel literarisch zu analysieren und wissen-
schaftlich auszulegen. Gleichzeitig hatten sie die
Glaubenspraxis im Blick. Ewald wie Lücke verdankt Wichern die Einsicht, dass „ein Verstehen
des Christentums nicht möglich ist ohne das Leben in demselben und dass dieses jenem voran-
geht, so dass beide, Leben und Erkennen, in
Wechselwirkung tretend sich gegenseitig bedin-
gen und begründen."[11] Fasziniert hat ihn vor allem Lückes Ethik der Liebe sowie dessen Lehre
vom Reich Gottes als „organische Gesamtheit aller sittlichen Güter" und als „Gemeinschaft der
Kinder Gottes, sofern sie für die Erlösung von

Sünde und Übel empfänglich und derselben teilhaftig sind."[12]

Im Sommersemester 1830 setzte Wichern sein Studium in Berlin fort. Auf der Reise in die preußische Hauptstadt machte er in Halle Station, um die 1695 von August Hermann Francke gegründeten Stiftungen samt Waisenhaus zu besichtigen. Das damals berühmteste Sozial- und Bildungswerk des Pietismus, bekannte Wichern später seiner Braut, sei ihm ein entscheidender Anstoß zur Gründung des Rauhen Hauses gewesen[13].

Wicherns Lehrer in Berlin waren Daniel Friedrich Schleiermacher und August Neander. Auch den Philosophen Georg Friedrich Wilhelm Hegel hat er gehört. Am nachhaltigsten hat ihn sein Hamburger Landsmann, der Kirchenhistoriker Neander beeinflusst. Er gehörte zum freiheitlichen Flügel der Erweckungsbewegung und lehrte Kirchengeschichte als Geschichte des christlichen

Lebens und deren Bedeutung für die Gegenwart[14]. Neanders Wiederentdeckung von Martin Luthers Lehre vom Priestertum aller Gläubigen öffnete Wichern die Augen für die Diakonie: Wer die „in Christus begründete Versöhnung und Heiligung vermittelst des Glaubens sich angeeignet" habe[15], sei auch zu karitativer Fürsorge für andere berufen. Weitere praktische Anregungen für seine spätere Arbeit empfing Wichern in Berlin von Nikolaus Heinrich Julius, einem aus Altona stammenden Arzt, der sich für die Humanisierung des Strafvollzugs einsetzte, sowie von dem greisen Baron Hans Ernst von Kottwitz und seiner 1823 errichteten, nach dem Prinzip der Selbsthilfe betriebenen Beschäftigungsanstalt für Arbeits- und Obdachlose am Alexanderplatz.

Seine Examensarbeit hat Wichern in lateinischer Sprache über das Abendmahl geschrieben, wie damals üblich in lateinischer Sprache. Die mündliche Prüfung vor dem Hamburger Geistlichen Ministerium fand am 6. April 1832 statt.

Wichern war nun „Kandidat". Er blieb es bis zu seiner Berufung in den preußischen Staatsdienst. Förmlich ein Pastor ist Wichern niemals gewesen. Das freilich hinderte ihn nicht, sich Zeit seines Lebens als Mann der Kirche zu verstehen.

Zweites Kapitel

Sonntagsschullehrer, Rettungshaus-Gründer, Familienvater

Als Wichern sein Examen ablegte, war Hamburg eine aufstrebende, wirtschaftlich erfolgreiche Großstadt. Der Überseehandel blühte, vor allem mit den USA und Lateinamerika. Hafenbetriebe, Handelshäuser, Gewerbe und Banken machten glänzende Geschäfte. Nur ein Bruchteil der gut 130 000 Einwohner profitierte vom wachsenden Wohlstand.

Die meisten Hamburger Familien verfügten über ungesicherte Einkünfte. Zwanzig Prozent lebten in üppigen bis auskömmlichen, sechzig in eher dürftigen Verhältnissen, weitere zwanzig Prozent lebten von der Hand in den Mund[16]. Am schlechtesten ging es der Unterschicht. Arbeiter, Tagelöhner oder Dienstboten waren auf die Mitarbeit aller Familienmitglieder angewiesen, die Kinder eingeschlossen. Fiel der Haupternährer aus, gab es im Winter wenig bis gar nichts zu verdienen, mussten Erwachsene und Kinder betteln oder auf Unterstützung hoffen.

Seit 1788 sorgte die Hamburger Armenanstalt für die Hilfsbedürftigen der Stadt. 1832 betreuten ihre 180 ehrenamtlichen Armenpfleger 7 366 Personen, darunter rund 3 000 Kinder. Die elternlosen schickte man ins Waisenhaus, die anderen auf Armenschulen, wo sie strenger Schulzucht unterlagen. Herumtreiber übergab man der Polizei, die sie je nach Auffälligkeit vermahnte, unter Arrest stellte oder ins Zuchthaus verbrachte. 1828 wurde im Werk- und Arbeitshaus eine Strafklasse eigens für Schulschwänzer, Bettelkinder und vagabundierende Jugendliche eingerichtet. Ihre pädagogische Qualität war jedoch umstritten. Kein Geringerer als Polizeisenator Hudtwalcker, gleichzeitig Präses der Armenkommission, plädierte für eine Reform, „wenn wir nicht die ohnehin bis ins Unglaubliche zunehmende Verwilderung der Jugend der niederen Klasse noch mehr befördern wollen."[17] Ein „Rettungshaus" schwebte ihm vor nach dem Vorbild des 1821 von Johannes Falck in Weimar gegründeten „Lutherhauses" oder der Berliner „Anstalt zur Erziehung verwahrloster Kinder", die David Traugott Kopf 1825 ins Leben gerufen hatte.

Mit ähnlichen Gedanken beschäftigt waren auch Mitarbeiter der 1825 von Pastor Rautenberg eröffneten Sonntagsschule in der Vorstadt St. Georg, wo die Ärmsten der Armen lebten. Ein anonymer Zeitungsartikel aus ihrem Kreis plädierte für die Gründung einer Rettungsanstalt. Sie solle der christlichen Liebe verpflichtet sein und werde seine Insassen in der „Zuchthausschule für junge Verbrecher" finden und „auf allen Straßen, in noch so vielen elenden Hütten der erschreckendsten Armuth."[18] Verfasser des engagierten Plädoyers war der junge Oberlehrer der Sonntagschule – Johann Hinrich Wichern.

Im Frühjahr 1832 hatte Pastor Rautenberg dem arbeitslosen „Kandidaten" angeboten, die Leitung der Sonntagsschule zu übernehmen. Mehr als 400 Kinder und Jugendliche waren zu betreuen, die „wegen der Armuth ihrer Eltern oder Pflegeeltern, die Wochenschule nur sparsam und zu Zeit gar nicht besuchen." Begeistert sagte Wichern zu. Den Unterricht, der sich sonntags von 13 bis 15 Uhr „auf die Lesekunst und die Erkenntniß der Schrift"[19] erstreckte, erteilten freiwillige Helfer. Die erste Stunde war dem Buchstabieren und Lesen, die zweite dem Memorieren von Bibelversen und Gesangbuchliedern sowie dem Gruppengespräch gewidmet.

Für gute Leistungen erhielten die Kinder Prämien, Spruchblätter oder Bücher. Körperliche Züchtigung, wie in den städtischen Armenschulen üblich, war verpönt. Zwanglos, nahezu familiär ging es in der erklärt christlichen Sonntagsschule zu. Großen Wert legte Schulleiter Wichern auf eine möglichst individuelle Förderung der

Kinder. Er führte Klassenstufen ein und hielt die Lehrer zu Hausbesuchen an. Als Mitglied eines der Schule angegliederten „Besuchsvereins" ging er mit gutem Beispiel voran.

Fast täglich war er auf Straßen und Höfen des etwa 8 500 Einwohner zählenden Viertels anzutreffen. Haarsträubende Verhältnisse kamen ihm zu Gesicht, die er in einem Notizheft festhielt: „Janssen, Witwe ... entsetzlich arm, einlogierend ein Lumpensammler. Für vier Menschen nur ein Strohsack und eine Decke."[20] Am 18. März 1833 suchte er eine Familie Sievers auf. „Eltern scheinen ... nichts zu taugen", notierte Wichern. „Ein Knabe (Vagabund) 13 Jahre alt, war früher in einer Spielschule für Geld. Kann weder schreiben noch rechnen. Bis vor ein paar Monaten pflegte er immer von dannen zu laufen."[21] Von einer Familie Stamport war zu berichten: „Die Mutter klagt die bittere Not über ihren Mann, der sie misshandelt in seiner täglichen Besoffenheit ... Den Kindern ist das Herumtreiben eine große

Last und sie gingen gern in die Schule, wenn sie könnten und sollten."[22]

Wichern sah sich im Glauben herausgefordert, dem Elend aufzuhelfen und auch in Hamburg ein Haus zu eröffnen, in dem vernachlässigte Kinder in Frieden aufwachsen könnten. Am 8. Oktober 1832 tagte wieder einmal der Besuchsverein. Mehrere Kinderschicksale wurden besprochen. Jemand schlug vor, „von Seiten des Besuchsvereins eine Anstalt zur Rettung verwahrloster Kinder zu errichten".

Ein „Glaubenswerk" müsse dieses sein, vermerkte der Protokollant, „weil kein Geld dazu vorhanden ist."[23] Wichern berichtet von der Sitzung, man habe dem geplanten Unternehmen bewusst den „schönen Namen Rettungshaus" gegeben. Jeder werde nunmehr wissen, dass „in diesem Hause Christi Wort und Liebe regieren und die, welche darin wohnen, retten oder, wie es in der deutschen Bibel gewöhnlich heißt, selig machen sollte."[24] Die Mitglieder des Besuchsvereins beschlossen, die Angelegenheit weiter zu bedenken.

Das Vorhaben zog Kreise. Wenige Wochen später traf bei einem Vereinsmitglied die erste Spende ein. Da sie öffentlich quittiert werden musste, bat man Senator Hudtwalcker um Beglaubigung. Der Zufall wollte es, dass er den Nachlass des Ehepaares Gercken verwaltete, der zu einem Drittel armen Kindern zugute kommen sollte. Hudtwalcker stellte dieses als Startgeld in Aussicht und bat darüber hinaus einflussreiche Freunde um Mithilfe, darunter den Senatssyndikus Karl Sieveking. Auch ihm trug Wichern seine Pläne vor und fand in Sieveking einen tatkräftigen Unterstützer[25]. Im Frühjahr 1833 bot der Syndikus an, auf seinem Gut in Horn eine im Volksmund unter dem Namen „das rauhe Haus" bekannte Bauernkate mit angrenzendem Grundstück gegen eine günstige Miete zur Verfügung zu stellen. So könne sich die Anstalt „nach und nach durch den Bau mehrerer Häuser zu einer kleinen Kolonie"[26] erweitern.

Wichern war überglücklich. Obwohl die Kate ziemlich verfallen war, nahm er sie als „Hütte Gottes"[27] an. Sieveking ließ sie herrichten, Wichern entwarf ein Statut, Hudtwalcker kümmerte sich um das Anfangskapital. Im Juni formulierte unter Sievekings Leitung ein provisorischer Verwaltungsrat für die Öffentlichkeit bestimmte „Propositionen". Aufgabe des Rauhen Hauses werde es sein, Kinder „den Einflüssen einer entschieden verderblichen Umgebung durch den liebevollen Ernst einer christlichen Hausordnung, nicht bloß vorrübergehend zu entreißen, die Kräfte neuen Lebens, mit dem Evangelium, nicht an die Strafe, sondern an die Vergebung und den Entschluß fortschreitender Besserung zu knüpfen."[28]

Am 12. September 1833 war es so weit. Auf einer Versammlung im überfüllten Auktionssaal der Hamburger Börsenhalle wurde das Rauhe Haus offiziell gegründet. Wichern stellte sein Konzept vor und fand großen Beifall. Ein Verwaltungsrat mit Sieveking an der Spitze wurde gewählt, Wichern zum Vorsteher bestimmt. Schon im November zogen die ersten drei Kinder in das Rauhe Haus ein. Weitere neun wurden bis Jahresende aufgenommen. Wichern wohnte mit ihnen unter einem Dach, seine Mutter und eine Schwester halfen bei der Betreuung mit.

Mit Gründung des Rauhen Hauses begann für Wichern auch privat ein neuer Lebensabschnitt. Im März hatte er im Helferkreis der Sonntagsschule Christiane Amanda Böhme, Tochter des Direktors einer Feuerversicherung, kennengelernt.

Seine Sympathie für die 22-Jährige stieß auf Gegenliebe. Sie unternahmen Spaziergänge, wechselten Briefe und waren bald ein Paar: „Ich freue mich, so oft ich Dich sehe", schrieb Wichern ihr im Mai, „weil mir deutlich wird, daß Gott Dir dazu geholfen hat, daß Du keine Ansprüche machst und immer fröhlich bist."[29] Zu diesem Zeitpunkt waren sich beide schon einig geworden. Ein Jahr später veröffentlichten sie ihr Verlöbnis. Am 29. Oktober 1835 wurden sie im Beisein aller Kinder und vieler Freunde des Rauhen Hauses von Pastor Rautenberg getraut.

Mit ihrer Heirat wurde Amanda Wichern (1810-1888) wie selbstverständlich Hausmutter des Rauhen Hauses. Sie kümmerte sich um die Mädchen, um die Hauswirtschaft und um finanzielle Angelegenheiten. Offiziell nur Gattin des Vorstehers war sie praktisch unentbehrlich in der Leitung der Anstalt. War Wichern auf Reisen, hielt sie ihn brieflich auf dem Laufenden und traf mit dem Inspektor Entscheidungen, die eigentlich dem Vorsteher vorbehalten waren. Neun Kinder wurden den Wicherns geboren: Caroline Amanda (1836), Maria Elisabeth (1838), Johann Carl Georg (1839), Sophie Margarethe (1841),

Johann Hinrich (1842), Christine Henriette Amanda (1844), Johannes (1845), Maria (1847), Louis Guido Egmont (1848). Die älteste Tochter Caroline (1836-1906) komponierte als ausgebildete Musikerin Lieder und Choralsätze für das Rauhe Haus. Johannes, dritter Sohn (1845-1914), folgte dem Vater im Vorsteheramt und gab dessen Schriften heraus.

Drittes Kapitel

Pädagoge, Hausvater
und Ausbilder

Ein halbes Jahr nach der Eröffnung war die Aufnahmekapazität des strohgedeckten „Rauhen Hauses" erschöpft. Vierzehn Kinder im Alter von fünf bis 18 Jahren wohnten inzwischen in der kleinen Kate. „Acht von diesen vierzehn", berichtete Wichern dem Verwaltungsrat, „waren außer der Ehe geboren, die ehelichen, bis auf zwei, aber unter dem Einfluß verbrecherischer oder frevelhafter und trunkfälliger Eltern oder sonst in einem unehrbaren Hauswesen groß geworden."[30] Drastischer lassen sich die chaotischen Verhältnissen kaum schildern, aus denen mehr oder weniger alle Jugendlichen stammten, die Wichern aufnahm.

Jahr um Jahr wurden es mehr. 1845 lebten auf dem Gelände des Rauhen Hauses 65 Jungen und 28 Mädchen in kleinen, nach und nach im schlichten Geschmack der Biedermeierzeit errichteten Häusern. 1839 war ein Betsaal hinzugekommen. Zwischen den Gebäuden wurden Obst- und Gemüsegärten angelegt. „So gewinnt", beschrieb Wichern sein ästhetisches Konzept eines Rettungshauses, „das Ganze von selbst die Gestalt eines freundlichen, das Gemüt ansprechende heimatlich deutschen Dörfchens mit seinen Biegungen, Unregelmäßigkeiten und scheinbar planlosen Zufälligkeiten, die aber für den, der weiter nachfragt, nichts Zufälliges und Planloses sind, sondern den Sinn der Liebe in sich tragen und, richtig angelegt, in ihrer Gesamtheit den pädagogischen Zwecken dient."[31]

Konsequent machte Wichern mit der damals üblichen Straferziehung Schluss. Kam ein Kind neu in die Anstalt, unterhielt sich zunächst der Vorsteher mit ihm. Dann wurde es gebadet und frisch eingekleidet. Der alte Adam sollte einen sozialen Tod erleiden, um als Mitglied des Rauhen Hauses gleichsam neu aufzuerstehen. Zum Schluss sprach der Vorsteher: „Mein Kind, dir ist alles vergeben! … hier ist keine Mauer, kein Graben, kein Riegel; nur mit einer schweren Kette binden wir dich hier … diese heißt Liebe und ihr Maß ist Geduld. Das bieten wir dir, und was wir fordern, ist zugleich das, wozu wir dir verhelfen wollen, nämlich, daß du deinen Sinn änderst und fortan dankbare Liebe übest gegen Gott und Menschen."[32]

Statt in kasernenartigen Heimen waren die Kinder in Einzelhäusern mit etwa zwölf Wohnplätzen untergebracht, „weil in einem größeren Kreis der kindlichen Persönlichkeit ihr Recht nicht geschieht."[33] Wichern setzte auf die erzieherische Kompetenz überschaubarer Einheiten, auf die Familie als einer Gemeinschaft natürlicher Zugehörigkeit: „Die Seele des Familienlebens … ist das trauliche Zusammenleben in der Liebe, und dieses gibt sich gegen Kinder in der Familie dadurch kund, daß es jedes Kind gleich wert hält."[34] Jedem Kind im Rauhen Haus sollte „diejenige erziehliche Fürsorge geboten werden, der grade *dies* Kind nach *seiner* Eigentümlichkeit, nach *seiner* ganzen Besonderheit, für *seine* innerste Lebensstellung bedarf."[35] Wichern entwickelte genaue methodische Verfahren, nach denen jedes Kind beobachtet und individuell betreut wurde. Das war revolutionär, denn die herkömmliche Erziehung in Waisen- und Arbeitshäusern korrigierte und disziplinierte, Wichern dagegen schuf Lebensräume zur Selbstentfaltung.

Gleichwohl ging es im Rauhen Haus geregelt zu. Nach festem Tagesablauf lernten die Kinder lesen, schreiben, rechnen und die Bibel kennen. Die Mädchen verrichteten Hausarbeit, die Jungen arbeiteten in den Gärten und verschiedenen Werkstätten. Arbeitserziehung sah Wichern nicht als Strafmaßnahme, sondern als lebensnotwendig an, damit die Kinder nach ihrer Entlassung für ihren Lebensunterhalt aus eigener Kraft würden sorgen können. Auch Freizeit und Muße kamen zu ihrem Recht. Am Sonntag ruhte alle Arbeit. Die Kinder durften ihre Eltern besuchen oder gingen in Gruppen spazieren. Werktags nach dem Mittagessen war freie Spielzeit, denn „das Spiel des Kindes ist das Produkt seiner innersten Freiheit und seines innersten Wohlbehagens."[36] Höhepunkte im Jahr bildeten phantasievoll gestaltete Feste. Neben Ostern, Erntedank und Weihnachten wurden regelmäßig Hausjubiläen gefeiert, aber auch ein „Apfelfest" oder ein „Kartoffelfest"[37]. Wichern hielt Rhythmen im Tages- und Jahreslauf für lebenswichtig. Der Wechsel von Arbeit und Pause sei „die Bedingung eines gesunden und christlichen Volks-, Familien- und persönlichen Lebens und deswegen für alle diese Lebensverhältnisse von der größten, durchgreifendsten Bedeutung." Wo keine Pausen eingehalten werden, „verwahrlost und verwildert das Leben in all seinen Stufen in Volk und Haus, in Staat und Kirche, unter den Erwachsenen und in der Jugend."[38]

Breiten Raum nahm die religiöse Erziehung ein. Das Evangelium sollte der „Antrieb zu einem neuen göttlichen Leben der Zöglinge werden."[39] Jeder Tag begann und endete mit einer Andacht. Sonntags ging man in die nah gelegene Hammer Dreifaltigkeitskirche zum Gottesdienst. Darüber hinaus las Wichern mit den Kindern regelmäßig biblische Geschichten, die er empfindsam und kindgemäß zu erklären verstand. Alles in allem aber hielt er feinfühlig Maß. „Überfüllung mit Religiösem und Geistlichem" sei „von großem Übel"[40], hielt er erwecklichen Kreisen entgegen, denen es im Rauhen Haus nicht fromm genug zuging, weil Wichern den Kindern neben Chorälen unbekümmert auch Wanderlieder und weltliche Balladen beibrachte.

Höhepunkt im geistlichen Leben des Rauhen Hauses war die Advents- und Weihnachtszeit. Ihm verdankt der Protestantismus einen bis heute populären Brauch – den Adventskranz. In der Vorweihnachtszeit 1839 wollte Wichern seiner Hausgemeinde die Vorfreude auf die Geburt Christi veranschaulichen. Zur Andacht am Ersten Advent ließ er im Betsaal einen Leuchter für alle Tage bis zum 24. Dezember mit Kerzen bestücken. Täglich wurde eine Kerze mehr entzündet, bis am Christfest alle Lichter „wie ein Strahlenkranz" das „Lob des Herrn" umleuchteten[41]. Den Leuchter löste später ein Kranz aus Tannengrün ab. Der schöne Brauch zog Kreise, denn die Brüder des Rauhen Hauses führten ihn in anderen Rettungshäusern, in Schulen und Kirchengemeinden ein. Auch dem katholischen Weihnachtslied „Stille Nacht" verhalf Wichern zu Popularität, 1842 nahm er es im deutschlandweit verbreiteten Gesangbuch des Rauhen Hauses „Unsere Lieder" auf[42].

Spätestens bei Eröffnung des Rauhen Hauses war sich Wichern im Klaren darüber, dass er für die Betreuung der Kinder und Jugendlichen geeignete Mitarbeiter benötigen werde. Er fand sie in christlichen Handwerkerkreisen. Erster Gehilfe im Rauhen Haus war der Bäckergeselle Joseph Baumgartner. Bei freier Kost und Logis sowie einem Taschengeld von jährlich „7$\frac{1}{2}$ Louisd'or" erwartete Wichern, „daß Sie unter den Kindern schlafen ... und überhaupt mit ihnen zusammen alles teilen, was im täglichen Leben vorzukommen pflegt."[43] Die Gehilfen nannte Wichern „Brüder". Nicht Vorgesetzte der Kinder sollten sie sein, sondern ihnen wie ältere Brüder zur Seite stehen, sich im Übrigen im Rauhen Haus „practisch nützlich" machen und darüber hinaus „zur selbständigen Arbeit in ähnlichen Einrichtungen" befähigt werden[44].

Schon Baumgartner hatte Wichern „einige Stunden wöchentlich in Auslegung der Schrift" und in Kirchengeschichte unterrichtet[45]. Dessen Nachfolgern bot er einen um Geographie, Erziehungs- und Unterrichtskunde, Musik und Psychologie erweiterten Lehrplan an – sehr zum Unwillen des Verwaltungsrats, der von der Errichtung eines Ausbildungsinstituts lange Zeit wenig hielt.

Doch Wichern setzte sich durch. Mit Genehmigung des Verwaltungsrats veröffentlichte er 1843 Konzept und Organisation einer nunmehr vierjährigen, theoretischen und praktischen „Brüderausbildung"[46].

Zu diesem Zeitpunkt lebten etwa 30 Gehilfen im Rauhen Haus. Allein oder zu mehreren leiteten sie eine Kinderfamilie. Täglich trafen sie sich in „Konvikten", um ihre Betreuungsaufgaben, „ihr Verhältniß untereinander ... und zuletzt ihre Stellung zu ihrem künftigen Beruf miteinander zu berathen."[47] Diese brüderlichen Teamsitzungen dienten der Gemeinschaftsbildung und zugleich der Berufsfindung, denn die meisten Brüder verließen nach der Ausbildung das Rauhe Haus, um in ganz Deutschland, teilweise auch im Ausland als Erzieher, Lehrer, Armenpfleger und Stadtmissionare zu arbeiten. 1856 zählte die „Brüderschaft des Rauhen Hauses" 170 Mitglieder; 38 waren im Rauhen Haus, 132 außerhalb beschäftigt. Wichern beschrieb die Gemeinschaft als

„Verbrüderung gläubiger Männer zu einem gemeinsamen Wirken für das Reich Gottes unter Kindern oder Erwachsenen, unter Armen, Elenden, Verlassenen, Verirrten oder Verlorenen innerhalb der eigenen Kirche."[48] Hier klingt sein Lebensthema an, die „Innere Mission" – christlich organisierte Hilfen für Leib und Seele. Nicht einzig für Kinder schlug sein Herz, auch Erwachsene, die ihr Leben einem Dienst in Mission und Sozialarbeit der Kirche widmen wollten, hat er gefördert. Den Männern unter ihnen bot er im Rauhen Haus praktische Erprobung und eine fundierte Ausbildung an. Ohne „Berufsarbeiter" waren die Aufgaben, die Wichern angesichts der materiellen und religiösen Verarmung in Deutschland auf Christentum und Kirche zukommen sah, nicht zu bewältigen. Mit dieser Ansicht stand Wichern nicht allein. Nach dem Vorbild des Rauhen Hauses entstanden Brüderanstalten u. a. auch in Duisburg (1844), in Zülchow bei Stettin (1850), in Neinstedt/Provinz Sachsen (1850) und in Puckenhof bei Erlangen (1851).

Viertes Kapitel

Auf Reisen, als Redner und Publizist

Im August 1837 nahm Wichern zum ersten Mal Urlaub vom Rauhen Haus. Er reiste zu Freunden nach Bremen. Viel Gutes schon hatte man an der Weser von Wicherns Arbeit gehört. Die Freunde zeigten ihm das städtische Armenwesen und diskutierten mit ihm die Gründung einer Rettungsanstalt auch in Bremen[49].

Begegnung und Austausch waren typisch für die Erweckungsbewegung des 19. Jahrhunderts. Aufgeschreckt durch die wachsende Armut wollten Pastoren und Laien, vom Geist der Nächstenliebe ergriffen, Gutes tun und den Opfern des wirtschaftlichen Umbruchs unter die Arme greifen. Eifrig hielten sie Ausschau nach Ideen und geeigneten Projekten. Trotz vieler Unterschiede im Einzelnen ging es allen Erweckten um die leibliche und zugleich seelische Rettung von Menschen in Not, um Fürsorge und Erziehung, um Bekehrung und um ein ehrbares Leben. Der staatlich dominierten, religiös kraftlosen und sozial weitgehend untätigen Kirche standen sie kritisch gegenüber. Entschlossen gingen sie karitativ eigene Wege, gründeten private Rettungshäuser und Armenvereine – und tauschten Informationen aus. In dieses Netzwerk waren auch das Rauhe Haus und vor allem Wichern persönlich einbezogen.

Regelmäßig verschickte er die Jahresberichte des Rauhen Hauses gezielt an befreundete Anstalten, Buchhändler und interessierte Einzelpersonen. Bald war er als innovativer Erzieher bekannt und das Rauhe Haus Ziel vieler Besucher. Die wichtigsten, damals sozial oder missionarisch tonangebenden Männer und Frauen wie Claus Harms, Viktor A. Huber, Elisabeth Fry oder Theodor Fliedner haben sich in die Gästebücher des Rauhen Hauses eingetragen. Sogar regierende Adlige wie das preußische Königspaar, der dänische König Christian VIII. oder Erzherzog Stephan von Österreich holten sich Anregungen.

Von Anfang an hatte Wichern das Rauhe Haus als Keimzelle einer sich auf das gesamte kirchliche und soziale Leben erstreckenden Initiative geplant. Sein Bremer Arbeitsurlaub 1837 bildete den Auftakt zu einer ungewöhnlich regen Reisetätigkeit. Anfangs auf den norddeutschen Raum beschränkt führte sie Wichern bald durch ganz Deutschland. Gleichgesinnte aus Adel und Bürgertum luden ihn ein. Er berichtete von seiner Arbeit im Rauhen Haus, besuchte Einrichtungen und Gefängnisse, hielt Vorträge zu sozialen Fragen und zu seinem Programm der Inneren Mission. Kein anderer Theologe seiner Zeit wusste über den desolaten Zustand des Sozial- und Erziehungswesens in Deutschland besser Bescheid als er. Auch verfügte kein anderer über aktuellere Informationen. War er im Postwagen oder in der Eisenbahn unterwegs, las er Zeitschriften und Fachliteratur[50]. Trotzdem fand er noch Zeit, um seiner Frau ausführliche Briefe zu schreiben, gelegentlich mit humorvollem Unterton. So hat ihn bei einem Essen mit dem preußischen König amüsiert, dass „dein Heinrich" unter „wohl an vierzig mit Orden reich geschmückten Personen" nahezu als Einziger lediglich mit „schwarzem Frack und weißen Handschuhen" bekleidet war[51]. Aus Mecklenburg mokierte er sich über den Ortsgeistlichen von Mütschow: „Wenn der gute Pastor immer so predigt..., so ist mir freilich sehr begreiflich, warum er mit dem Worte nichts ausrichtet."[52] Am 22. Juli 1841 fuhr Wichern zum ersten Mal in seinem Leben mit der Eisenbahn. „Mit einem schrillen Schrei und Geknirsche", berichtete er nach Hause, „gab die Bestie von Lokomotive ... das Signal zur Abfahrt, und mit Gebrüll und Gepolter schnob die Maschine vorwärts, einer wilden Bestie ähnlich, die Ruß und Wasserdampf in Masse ausschnob."[53]

1844 erweiterte Wichern seinen Aktionsradius durch eine eigene, in der „Agentur des Rauhen

Hauses"[54] verlegte Zeitschrift. Die erste Ausgabe der „Fliegenden Blätter aus dem Rauhen Haus zu Horn bei Hamburg" erschien im September als Probenummer. Im zweiten Heft kündigte Wichern die Zeitschrift als „Organ der Mitteilung an die Freunde der Bestrebungen des Rauhen Hauses" an mit Nachrichten aus dem Leben der Kinder und „Brüder" sowie „Quittierung der neu eingegangen Geschenke an die Anstalt". Vor allem aber, versprach er, werde sie „Kunde" von „Arbeiten christlicher Liebe" verbreiten[55]. Entsprechend ergänzte er ab dem zweiten Jahrgang den eigentlichen Titel um den Hinweis „Mitteilungen über, dem Gebiet der innern Mission angehörenden Bestrebungen, Vereine, Anstalten etc. zur Hebung der Notstände innerhalb der Christenheit". Keine Hauszeitschrift, kein Glaubensblättchen schwebte ihm vor, im Gegenteil: „Der Zweck der Erbauung im gewöhnlichen Sinne ist gänzlich ausgeschlossen." Stattdessen wollte Wichern informieren, mit Tatsachen „kirchlich und politisch orientieren."[56] Das ließ aufhorchen. Kirchliche Zeitschriften, die sich mit gesellschaftlich relevanten Themen beschäftigten, kannte man Mitte des 19. Jahrhunderts im Protestantismus noch nicht. Doch offenbar war die Nachfrage groß. Ein Jahr nach dem ersten Heft erschienen die „Fliegenden Blätter" bereits in einer Auflage von gut 1500 Exemplaren, für damalige Verhältnisse bei Fachzeitschriften eine beachtlich hohe Zahl.

Eine Fülle von Material bot Wichern seinen Lesern an[57] – theologische Aufsätze, Berichte über karitative Einrichtungen, Armen-, Krankenpflege- und Handwerkervereine, über Sonntagsschulen und Rettungshäuser sowie Nachrichten über Genossenschaften, Sparkassen und Volksbibliotheken. Zu Recht zählt man ihn zu den Pionieren auch der evangelischen Publizistik[58]. Regelmäßig griff er selbst zur Feder und veröffentlichte Beiträge sogar solcher Autoren, deren Ansichten er nur bedingt teilte. Ungewöhnlich für eine evangelische Zeitschrift damals war der ökumenische

Weitblick der „Fliegenden Blätter". Wichern druckte Berichte auch aus dem europäischen Ausland ab und – man höre und staune – aus dem katholischen Raum. Ging es um Projekte praktischer Nächstenliebe, kannte er weder nationale Selbstgenügsamkeit noch konfessionelle Vorbehalte.

Fünftes Kapitel

Initiator der Inneren Mission

Im Juli 1844 veröffentliche Wichern seine erste programmatische Schrift „Notstände der protestantischen Kirche und die innere Mission"[59]. Nach gut zehn Jahren pädagogischer Arbeit im Rauhen Haus zog der jetzt 36-Jährige Bilanz und legte dabei einen Schwerpunkt auf die Brüderausbildung. Pragmatisch hatte Wichern sie eingerichtet, um Mitarbeiter für die Betreuung schwieriger Kinder zu qualifizieren.

Im Grunde jedoch hatte er vor, mit den „Brüdern" aus dem Rauhen Haus den sozialen Verwerfungen in Deutschland aufzuhelfen und dem Verfall des kirchlichen Lebens entgegenzuwirken. „Notstände" hatte man auch andernorts im Blick. So schickten erweckliche Vereine junge Männer ins Rauhe Haus zur Vorbereitung auf einen karitativen Beruf und bezahlten die Ausbil-

dung. Auch in den Protokollen des Verwaltungsrats schlug sich der wachsende Bedarf an christlichen Erziehern, Sozialarbeitern und Missiona-
ren nieder. Beispielsweise ist unter dem Datum
des 8. Mai 1844 zu lesen, dass „die Brüder Han-
sen" in das „Werk- und Armenhaus Celle" abge-
gangen und vier weitere, auf Kosten des Bremer
Evangelischen Vereins für deutsche evangelische
Auswanderer ausgebildete Brüder als „Colonis-
ten-Prediger nach Amerika" entsandt worden
seien.

Wicherns Programm gegen die „Notstände" hieß
„Innere Mission". Darunter verstand er nicht vor-
dergründige Sozialarbeit, sondern die „geordnete Arbeit der gläubigen Gemeinde in freien Vereinen, und zwar diejenige Arbeit, mit welcher der
Wiederaufbau des Reiches Gottes an den von
den Ämtern des christlichen Staates und der
christlichen Kirche unerreichbaren inneren und
äußeren Lebensgebieten ... bezweckt wird."[60] Jeder Christ, betonte Wichern im Anschluss an

Martin Luther, sei zum „Priestertum" und dazu berufen, dem Verkündigungsamt der Kirche diakonisch zur Hand zu gehen: „Wo ... das Wort frei und lauter verkündet und das Amt im Geist des Worts verwaltet wird, da begleitet die innere Mission das Amt des Wortes mit dem Amt des Werkes, und beide zeugen miteinander und für den einen lebendigen Christus."[61] Dass man in den deutschen Landeskirchen von „Notständen" wenig wissen wollte und der Inneren Mission eher reserviert gegenüber stand, wunderte Wichern nicht: „Wir sind zu reich an Bedenklichkeiten, zu furchtsam."[62] Dabei sei der „Verfall des religiösen und sittlichen Lebens" doch offenkundig, den er mit rückläufigem Abendmahlsbesuch und Zahlen aus Armenstatistiken untermauerte.

Kein Blatt vor den Mund nahm Wichern gegenüber der kirchlichen und staatlichen Untätigkeit. Der Staat wisse nichts anderes, als Arbeits-, Zuchthäuser und Gefängnisse zu bauen, und die Kirche diene nur denjenigen, „welche in die Kirchengebäude kommen." Wichern plädierte dafür, aktiv die „Saat des Lebens" in die „Gefilde des Todes" zu streuen[63]. Allenthalben bereits habe Christi Geist „den Eifer der suchenden, rettenden Liebe entzündet"[64] – vor allem in den freien Vereinen der Inneren Mission, der nach Wichern idealen Organisationsform diakonischen Engagements.

Im letzten und größten Teil seiner Programmschrift schilderte Wichern Ausbildung und Auftrag der „Brüder", die im Rauhen Haus „auf dem Gebiete der innern Mission wirkend sich zugleich vorbereiten, künftig in selbständiger Weise ihr Leben den verirrten und verlassenen Mitchristen widmen zu können."[65] Detailliert beschrieb er ihren Einsatz in Rettungshäusern, als Kolonistenprediger, in Gefängnissen und als „Pilgerbrüder" unter Wanderarbeitern.

Wie nicht anders zu erwarten, rief Wicherns Programm unterschiedliche Reaktionen hervor.

Liberal Gesinnte rieben sich an seinen Bekehrungsabsichten. Traditionelle Lutheraner hielten ihm vor, die kirchlich unabhängigen Vereine der Inneren Mission untergrüben die Autorität des kirchlichen Amtes. Niemand im Protestantismus jedoch bestritt den Nachholbedarf an tätiger Nächstenliebe.

Auch die akademische Welt beschäftigte sich mit der Inneren Mission. Kein Geringerer als der einflussreiche Theologe Karl Immanuel Nitzsch würdigt sie in seiner 1847 erschienenen „Praktischen Theologie" als innovativen Beitrag zur kirchlichen Gesamtentwicklung.

Wichern durfte durchaus guter Hoffnung sein, dass eines Tages die Innere Mission, wie er schwärmerisch einmal formulierte, „im wahren und zwiefachen Sinn als christliche Volkssache erkannt werden wird, sofern sie die freie Liebesarbeit des heilserfüllten Volkes zur Verwirklichung der christlichen und sozialen Wiedergeburt des heillosen Volkes ist und nicht eher ruhen kann, bis das Ganze Ein wahrhaft christliches Volk in Staat und Kirche geworden."[66]

Einen wichtigen Schritt in diese Richtung machte 1848 ein Kirchentag in der Schlosskirche zu Wittenberg, zu dem 42 Theologen und Laien eingeladen hatten, um „in einer vorläufigen freien Versammlung die Verhältnisse der evangelischen Kirche brüderlich zu beraten."[67] Hauptthema sollte der Zusammenschluss aller deutschen Landeskirchen zu einem Kirchenbund zur Wahrnehmung gemeinsamer Aufgaben sein. Aktualität bekam der Kirchentag durch Bestrebungen nach einem einheitlichen Deutschland, durch die prekäre Lebenssituation verarmter Schichten, durch Revolten in Deutschland und Europa sowie bürgerliche Forderungen nach politischer Teilhabe und Demokratie. Etwa 500 Teilnehmer zählte die Wittenberger Versammlung vom 21. bis 24. September. Auch Wichern hatte die Einladung in der Erwartung unterschrieben, dass die Innere Mission auf die Tagesordnung gesetzt wird. Am zweiten Verhandlungstag bekam er das Wort. Auf gründliche Ausführungen vorbereitet war er zwar nicht, aber aus dem Stegreif zu reden[68], war er gewohnt.

Zunächst skizzierte er die sozialen Verwerfungen, die nach seiner Ansicht zu Umsturz und Revolution geführt hatten, und wies auf das Proletariat in den großen Städten hin. Von der Kirche weitgehend allein gelassen, sei es kein Wunder, dass verarmte Handwerker und andere Mitglieder der Unterschicht unter den Einfluss von Atheismus, Kommunismus und radikalen Philosophien geraten seien. Im zweiten Teil seiner Rede hob Wichern die sozial-missionarischen Initiativen christlicher Armenvereine, der Rettungshäuser und Traktatgesellschaften hervor. Doch der Erfolg der revolutionären Umtriebe beweise, wie viel noch zu tun sei. Wichern plädierte sowohl kirchlich als auch politisch für eine „Reformation oder vielmehr Regeneration aller unserer innersten Zustände". Deshalb müsse die Kirche Buße für ihre Versäumnisse tun und erklären: „Die Arbeit der innern Mission ist mein!", oder besser und theologisch prägnanter: „Die Liebe gehört mir wie der Glaube."

Gut über eine Stunde sprach Wichern in der Wittenberger Schlosskirche. Am Ende beantragte er, die Innere Mission in den Aufgabenkatalog des geplanten Kirchenbundes aufzunehmen. Tief beeindruckt von Wicherns Appell stimmte die Versammlung zu. Am nächsten Tag schlug der Vorsitzende des Kirchentages, der Bonner Universitätskurator Moritz August von Bethmann-Hollweg, vor, ein Koordinierungsgremium zu gründen. Schon im November konstituierte sich provisorisch der „Central-Ausschuß für die Innere Mission der deutschen evangelischen Kirche", während ein Kirchenbund erst nach dem Ersten Weltkrieg zustande kam.

Viel zusätzliche Arbeit kam nun auf Wichern zu.

Statuten und ein Programm des Central-Ausschusses waren zu entwerfen. Großzügig stellte ein norddeutscher Reeder[69] ein Jahresgehalt zur Verfügung, damit Wichern von seinen Hamburger Aufgaben entlastet werden und sich dem Aufbau der Inneren Mission widmen konnte. Umgehend setzte dieser sich hin und schrieb innerhalb weniger Monate im Auftrag des CentralAusschusses sein bekanntestes Werk „Die innere Mission der deutschen evangelischen Kirche. Eine Denkschrift an die deutsche Nation"[70]. Im April 1849 schloss er das Vorwort ab. Wenige Zeit später lieferte die Agentur des Rauhen Hauses die ersten 2 000 Exemplare aus. Im August bereits mussten 3 000 nachgedruckt werden.

Gleich auf den ersten Seiten der Denkschrift beschrieb Wichern, worum es ging: „Als innere Mission gilt uns ... die gesamte Arbeit der aus dem Glauben an Christum geborenen Liebe, welche diejenigen Massen in der Christenheit innerlich und äußerlich erneuern will, welche die der

Macht und Herrschaft des aus der Sünde direkt oder indirekt entspringenden mannigfachen äußern und innern Verderbens anheimgefallen sind, ohne daß sie, wie es zu ihrer christlichen Erneuerung nötig wäre, von den jedesmaligen geordneten christlichen Ämtern erreicht werden."[71]

Mit dieser Definition trat Wichern dem Missverständnis entgegen, die Innere Mission falle mit der kirchlichen Armenpflege zusammen. Umfassender sei das Ziel – nämlich die religiöse und zugleich soziale Erneuerung der Gesellschaft. Dem Staat wolle die Innere Mission zeigen, dass „seine letzten Lebensquellen in Christo und nirgends anderswo zu suchen sind."[72] Und der Kirche gehe sie mit dem „Leben des Geistes der gläubigen Liebe" zur Hand, „welche die verlorenen, verlassenen, verwahrlosten Menschen sucht, bis sie sie findet[73].

Im Hauptteil der Denkschrift widmete sich Wichern den Aufgaben der Inneren Mission zunächst auf staatlichem Gebiet. Hauptursache der politischen Krise in Deutschland sei „die Entfremdung des Volkes von Gott"[74] sowie ein revolutionärer Geist, „welcher alle Religion ... zu vernichten trachtet und infolgedessen die Zerstörung aller Begriffe von Recht und Gesetz, von Freiheit und Wahrheit, also aller sittlichen Grundlagen der Gesellschaft, bezweckt." Umso entschiedener müsse die Innere Mission Revolution und Kommunismus[75] bekämpfen und mündlich wie schriftlich für das Christentum als „Grund des Volksheils" eintreten[76]. Ihre zweite Aufgabe auf staatlichem Gebiet sah Wichern in der Gefangenenarbeit. Sachkundig entwarf er die Grundzüge einer Gefängnisreform und plädierte mit Nachdruck dafür, entlassene Straftäter wieder in Lohn und Brot zu bringen.

Für die Aufgaben der Inneren Mission auf kirchlichem Gebiet gab Wichern die Parole aus, kein einziges getauftes Mitglied der Kirche dürfe vom

Worte Gottes unerreicht bleiben. Er setzte sich für Bibelstunden ein, für populäres religiöses Schrifttum, für kirchliche Bibliotheken, für Reise- und Straßenprediger und für den Bau von Bethäusern. Auch sozial sei Wichtiges zu tun. Wichern nannte den Kampf gegen Bettelei, Glücksspiel und Prostitution, die Betreuung von Dienstboten, verarmten Handwerkern und Wöchnerinnen sowie die Krankenpflege. Angesichts der Fülle der Aufgaben werde es „unerläßlich" sein, dass die Innere Mission „vollständig ein Lebensberuf werde."[77] Wichern forderte Ausbildungsstätten für Diakone, Krankenschwestern, Stadtmissionare und Armenpfleger und vergaß dabei nicht, auf das Vorbild des Rauhen Hauses hinzuweisen.

Auf sozialem Gebiet sah Wichern die Innere Mission herausgefordert, die Familie zu stärken und für geregelte Arbeit sowie für die Eigentumsbildung einzutreten. Den Reichen warf er vor, „durch die entwürdigende Art der Wahrung ihrer materiellen Interessen, durch den Geiz und die Habsucht bei Verwaltung ihres Eigentums und die eigensüchtige und übermütige oder doch herzlose Behandlung der Geringen im Volke" die „kräftigsten Förderer" des Kommunismus zu sein[78]. Zwar war ihm bewusst, „daß zu der Erzeugung der Massenarmut an anderen Stellen auch andere von der Staatsökonomie zu erledigende ungünstige gewerbliche Verhältnisse mitwirken."[79]

Aufs Ganze gesehen jedoch sah Wichern den eigentlichen Grund für die Verarmung des Proletariats in der sittlichen Verwahrlosung. Umso energischer bedürfe es einer „innern Zurrechtstellung" in der Gesellschaft: „Nur durch eine sittliche Wiedergeburt des Volks in seinen obern und untern Ständen kann eine befriedigende Ausgleichung zwischen den verschiedenen Besitzständen möglich werden." In den „Gemütern" müsse sie beginnen. „Von dieser Seite her hat sich vorzugsweise die innere Mission bei der Lö-

sung der sozialen Aufgabe unserer Zeit mitzube-
teiligen."[80]

Wie Wichern im Einzelnen darlegte, tat sie es bereits mit karitativer Phantasie und praktischem
Verstand. Beispiele für „wirksamen christlichen
Sozialismus"[81] finden sich zuhauf in der Denkschrift. Kein anderer Theologe des 19. Jahrhunderts wusste besser Bescheid über Warteschu-
len, Rettungshäuser, Handwerkerherbergen, Vereine für entlassene Strafgefangene, Diakonissen-
häuser, Seemannsheime und Sparläden. Sogar
für christliche Selbsthilfeinitiativen und „Arbei-
terassoziationen" setzte sich Wichern ein.
Streckenweise liest sich seine mit Statistiken und
Literaturhinweisen angereicherte Denkschrift wie
ein aktuelles Kolleg über Theorie und Praxis
christlicher Evangelisations- und Sozialarbeit in
der ersten Hälfte des 19. Jahrhunderts.

Im dritten Teil beschäftigte sich Wichern mit Or-
ganisationsfragen. Weil die überwiegend von

Laien getragene Innere Mission „kirchlichen Charakters" sei, müsse sie „zum kirchlichen Amt in ein reines Verhältnis" treten. Denn das „allgemeine Priestertum und das kirchliche Amt heben einander nicht auf, sondern bilden in ihrem richtigen Zusammensein erst die Kirche in ihre rechte Gestalt hinein."[82] Ungeachtet dessen legte Wichern Wert auf die Bewegungsfreiheit und den „nicht amtlichen" Charakter der Inneren Mission[83]. Mit der „persönlichen Arbeit und Hilfe" Einzelner fange alles an; die „zweite elementarische" Form der Inneren Mission seien „freie Vereine für Einzelzwecke"[84]. Diese wiederum sollten sich auf lokaler oder landeskirchlicher Ebene zusammenschließen, um „in relativer Vollständigkeit die ganze Summe aller inneren Missionstätigkeiten" zu koordinieren[85].

Wichern wusste, wovon er schrieb. Seit November 1848 stand er dem Verein für Innere Mission in Hamburg vor, der sich auf sein Betreiben aus mehreren missionarischen Einzelaktivitäten gebildet hatte. Solcher Art „konföderierten" Vereine[86], empfahl er in der Denkschrift, könnten u. a. mit anderen „Assoziationen ohne kirchlichen, aber von sittlichem Ernst getragenen Charakter", mit „ähnlichen Bestrebungen anderer Konfessionen" und auch mit politischen Instanzen zusammenarbeiten[87].

Alles in allem war Wicherns geniales Organisationskonzept ganz darauf abgestellt, über das Vereinswesen der Inneren Mission den Aktionsradius des Christentums über die Kirche hinaus zu erweitern und den Protestantismus diakonisch gesellschaftsfähig zu machen.

Das Echo auf die Denkschrift war geteilt. Traditionelle Kirchenleute unterstellten ihm, mit der Inneren Mission der Kirche Konkurrenz machen zu wollen. Dagegen zeichnete ihn die Universität Halle mit dem theologischen Ehrendoktor aus. Wichern habe, hieß es in ihrer Würdigung vom 3. Juni 1851, „die evangelische Kirche in allen deutschen Landesteilen ... dazu angeregt ..., die alte Diakonie unter dem Namen der Inneren Mission zu erneuern."[88]

Die meiste Kritik erfuhr Wichern aus kirchlich distanzierten Kreisen. Wohl kamen sie mit den sozialen, nicht dagegen mit den religiösen Absichten der Inneren Mission zurecht. Am treffendsten hat Wicherns Anliegen ausgerechnet der Schriftsteller Karl Gutzkow erfasst. Obwohl Freidenker und entschiedener Gegner der Inneren Mission hat er ihren frommen und zugleich revolutionären Schwung so gewürdigt: „Der Kommunismus will die Menschheit verbessern, die Innere Mission den Mensch ... Jener hat offen die Notwendigkeit einer radikalen neuen Organisation der Gesellschaft und der allgemeinen Gleichberechtigung an den Gütern der Erde ausgesprochen; diese ... strebt dahin, ein organisches Glied des Staates und der Kirche zu werden und alles das, was am alten Staat und der alten Kirche ihr widerspricht, ... umzumodeln und das ganze Leben in ihrer Art und Weise zu verjüngen und zu erfrischen."[89]

Ab Gründung des Central-Ausschusses führte Wichern beruflich ein Doppelleben. Nach wie vor leitete er das Rauhe Haus, parallel war er für die Innere Mission tätig. Das zog Reisen, Sitzungen und Konferenzen außerhalb Hamburgs nach sich. Das Vorsteheramt niederlegen mochte Wichern nicht. Zu tief war er den Kindern und Brüdern des Rauhen Hauses verbunden. Andererseits wurde er im Central-Ausschuss gebraucht. Förderer der Inneren Mission aus dem Hochadel trugen einen Stiftungsfonds zusammen, der es dem Central-Ausschuss ermöglichte, Wichern auf Dauer ein Gehalt zu zahlen. Damit bekam er freie Hand, sich über das Rauhe Haus hinaus für die Gesamtarbeit der Inneren Mission zu engagieren. Zu seiner Entlastung von Alltagsaufgaben im Rauhen Haus wurde ein Inspektor eingestellt.

Sechstes Kapitel

Berater des preußischen Königs

Spätestens seit dem Wittenberger Kirchentag war Wichern deutschlandweit ein gefragter Experte in Sachen Innerer Mission und Sozialarbeit. „Ich könnte nichts thun als reisen, reden, begutachten", schrieb er seiner Frau von einem Aufenthalt in Berlin, wo ihn gleich mehrere Einladungen zu Vorträgen und Bitten um Beratung erreichten[90]. Viele Großgrundbesitzer, Adlige und Hofbeamte in Preußen sympathisierten mit der Inneren Mission, allen voran König Friedrich Wilhelm IV. Regelmäßig erhielt er die Jahresberichte des Rauhen Hauses[91].

Friedrich Wilhelm IV. war praktizierender Christ und theologisch gebildet. Als „summus episcopus" (Bischof) der preußischen Landeskirche lag ihm die Erneuerung des kirchlichen Lebens am Herzen. Viele seiner Pläne deckten sich mit

Wicherns Anschauungen. Vor allem das altchristliche Diakonat wollte der König wiederbeleben und plante in diesem Zusammenhang, die 27 adligen Konventualinnen des Prignitzer Klosterstifts Heiligengrabe dauerhaft mit wohltätigen Aufgaben zu betrauen. Sein Kabinettsminister Ludwig Gustav von Thile holte sich bei Wichern Rat. Der schlug eine christliche Gouvernantenschule vor, in der sich die Stiftsdamen als Lehrerinnen betätigen könnten. Der König signalisierte Wohlwollen. In Heiligengrabe dagegen regte sich Widerstand. Viele Konventualinnen waren mit der religiösen Reorganisation ihres Stiftes nicht einverstanden. Sie wollten ihre verbriefte Unabhängigkeit nicht verlieren und erst recht nicht per Dekret zu karitativen Tätigkeiten verpflichtet werden. 1843 wurde die fromme Louise von Schierstädt Äbtissin in Heiligengrabe. Resolut setzte sie eine Schule für Mädchen aus verarmten Adelsfamilien durch und holte drei gesinnungstreue Damen neu ins Stift. Doch der Konflikt schwelte weiter. Mehrfach baten Berliner Hofbeamte Wichern um Ideen für weitere Stiftsprojekte. Ganz auf der Linie des Königs empfahl er, die Stiftsdamen eine Warte- und Spielschule oder eine Kinderheilanstalt betreiben zu lassen. Von Erfolg gekrönt waren seine Bemühungen jedoch nicht. Zu hartnäckig war die Opposition gegen das Reformprogramm des Königs.

Ein anderes Lieblingsprojekt des Königs war die nicht weniger umstrittene Wiederherstellung des „Schwanenordens", einer 1440 gestifteten, in der Reformation erloschenen geistlichen Adelsgesellschaft. Künftig sollten ihr auch bürgerliche Mitglieder angehören, die „durch Leben und Tat" das Christentum zu bekennen bereit waren. Die Ordensidee stand dem genossenschaftlichen Konzept der Brüderschaft des Rauhen Hauses nahe. Wieder einmal baten Berliner Ministerialbeamte Wichern um Beratung[92]. Der geriet ins Schwärmen: Unter der Schirmherrschaft des Königs sollten sich alle in Deutschland bestehenden „christlichen, auf ethische Zwecke zielende Assoziationen" vereinigen. Ergänzend könnte in Berlin ein Brüderhaus zur Ausbildung von „Berufsarbeitern" der Inneren Mission gegründet werden. Dessen Leitung zu übernehmen, sei er durchaus nicht abgeneigt, deutete Wichern an. Doch der König ließ von seinen Plänen ab, innenpolitisch waren sie nicht durchsetzbar. Immerhin, das Diakonissenhaus Bethanien, das der Schwanenorden in Berlin betreiben sollte, kam zustande. Wieder war Wicherns Rat gefragt. Als Oberin empfahl er die mecklenburgische Adelsfrau Marianne von Rantzau, die wenigstens diesen Teil des diakonisch-königlichen Vorhabens im Austausch sowohl mit Theodor Fliedner in Kaiserswerth als auch mit Wichern erfolgreich in Gang zu bringen verstand[93].

Am 18. Februar 1855 hielt Wichern in Berlin einen Vortrag über Armenpflege[94]. Prominentester Zuhörer war der König. Wichern begann mit einem kirchengeschichtlichen Überblick und beklagte, dass nach der Reformation die staatliche Armenpflege mehr oder weniger die kirchliche verdrängt habe. Nach wie vor aber sei das „Prinzip aller und jeder Armenpflege" einzig die „christliche Liebe", und dass „das persönliche Verhältnis zwischen dem Pfleger und dem Armen zu seinem Rechte" komme. „Das nur Geschäftliche, die Organisation in jedem besonderen Falle, ist ein notwendiges, wichtiges, aber dennoch unwesentliches Beiwerk."[95]

Leidenschaftlich plädierte Wichern für die Wiederherstellung des urchristlichen Diakonats, „nach dem Apostelamt das erste uns bekannt gewordene Amt in der Gemeinde, das in Stephanus die erste aller Märtyrerkronen empfangen." Wichern forderte ein Diakonenamt als „selbständiger Lebensberuf."[96] Mit ihm würde sich „eine geordnete Kenntnis über die Erfahrungen im Armendienst ansammeln und eine Kunstübung der christlichen Liebe ausbilden können."[97]

Dem König kamen Wicherns Ausführungen wie gerufen. Schon als Kronprinz hatte er sich vorgenommen, die karitative Arbeit der Kirchengemeinden aufzuwerten und sie Diakonen und Diakonissen zu übertragen, „um so die göttliche Idee des Christenthums, die Armen-Pflege (im ausgedehnten leiblichen und geistlichen Sinne) von einem eigens dazu geheiligten Kirchen-Amte verwalten zu lassen."[98] Auf der Generalsynode 1846 ließ er das Diakonatsthema zum ersten Mal diskutieren. Zehn Jahre später sollte es erneut auf einer Kirchenkonferenz im Berliner Schloss Monbijou zur Sprache kommen. Zur Vorbereitung bat der Preußische Oberkirchenrat Wichern und vier weitere Theologen um eine Stellungnahme. Im Juli 1856 schickte Wichern sein „Gutachten über die Diakonie und den Diakonat"[99] nach Berlin.

Unter Diakonie verstand Wichern speziell „die den Armen zugewendete Liebespflege"[100]. Als „Produkt der göttlichen Offenbarungsliebe" sei sie Aufgabe sowohl des Staates („bürgerliche Diakonie") als auch der Kirche („kirchliche Diakonie") sowie einzelner Christen und Vereine („freie Diakonie"). Während die bürgerliche und die freie Diakonie sich im Laufe der Geschichte angemessen entwickelt hätten, existiere die kirchliche praktisch nicht mehr. Deshalb sei es Gebot der Stunde, sie „wieder erstehen zu lassen ... durch Wiedererneuerung des apostolischen Diakonats." Denn in ihm als einem selbständigen „Kirchenamt" bekunde sich „die Würde und Fülle der Liebe zu den Armen, wie sie als der Gemeinde und Kirche immanent gedacht werden soll."[101]

Wichern blieb nicht im Theoretischen stecken. Außer Pastoren sollten in den Gemeinden, zumal in den größeren, durch Handauflegung auch hauptamtliche Diakone ordiniert werden – als „Diener des Herrn" und „Mitarbeiter des Pastors an der Gemeinde"[102]. Neben der Einzelfürsorge sei es Aufgabe des Gemeindediakonats, mit der staatlichen Armenpflege zusammen zu arbeiten und als „Bote Christi für die Armen, als deren Fürsprecher und bestellter Rat"[103] aufzutreten. Zum Diakon eigne sich jeder lebenserfahrene Mann, der mit der Heiligen Schrift vertraut und im Glauben gefestigt sei. Gleichwohl müsse man „eine gewisse Bildung – das Wort im edelsten und eigentlichsten Sinne genommen – für den Diakonat beanspruchen."[104] Entsprechend favorisierte Wichern die Gründung von Diakonenschulen mit Unterricht in der Bibel und vor allem in diakoniespezifischen Fächern.

Dem örtlichen Gemeindediakonat ordnete Wichern auf landeskirchlicher Ebene ein „Archidiakonat" zu. Dabei dachte er an eine leitende Fachstelle für grundsätzliche Fragen der Armenpflege und an eine Verbindungsinstanz zu Anstalten der freien Diakonie und der „Privat-Wohltätigkeit". Am Ende seines Gutachtens regte Wichern regelmäßig ein „Diakonalgebet" im sonntäglichen Gottesdienst an, das „der Mund des (ordinierten) Diakonus ... von rechter Stelle aus beten"[105] sollte.

Die Debatte auf der „Monbijoukonferenz" im November und Dezember 1856 verlief für Wichern unbefriedigend. Streckenweise verzettelte sie sich in kleinliche Streitereien darüber, ob Diakone wie Pastoren zu „ordinieren" oder lediglich feierlich „einzusegnen" seien. Etliche der etwa 80 Konferenzteilnehmer, namentlich zwei gestandene Generalsuperintendenten hielten die Diakonie für „sehr überflüssig"[106], einige wenige immerhin teilten Wicherns Anliegen. Einig über die Einführung des Diakonats wurde man sich vor allem aus konfessionellen Gründen nicht. Denn der Dauerkonflikt zwischen Lutheranern und Reformierten auf der einen und Anhängern einer „Union" auf der anderen Seite lähmte die gesamte Konferenz. Angewidert „von diesem Theologen- und Juristengezänk, die ganz etwas anderes zu tun hätten, wenn sie die Kirche nicht im Kopf, sondern im Leben und den Aufgaben des Lebens sähen"[107], hoffte Wichern auf ein Eingreifen des Königs. Als oberster Kirchenherr sei er berechtigt, den Diakonat einzuführen. Doch Friedrich Wilhelm IV. hielt sich zurück. Beherzt Entscheidungen zu treffen war seine Sache nicht. Das Diakonatsthema verlief im Sande. Erst im 20. Jahrhundert richtete die evangelische Kirche ein Diakonenamt ein. Wicherns Konzept entsprach es jedoch nur teilweise.

Als Regierungsberater war Wichern auch praktisch tätig – und dies erfolgreich: 1847 brach in Oberschlesien nach mehreren Missernten eine Hungersnot aus. Typhus- und Ruhrepidemien waren die Folge. Am schlimmsten waren Kleinbauern und Landarbeiter betroffen. Zehntausende Menschen starben. Allenthalben fehlte es an Lebensmitteln und medizinischer Hilfe. Schätzungsweise 4 000 bis 6 000 Waisenkinder waren unversorgt. Viele brachten die Behörden bei Familien oder in leer stehenden Gehöften unter Aufsicht eines Unteroffiziers unter. Katholische Stellen richteten provisorische Unterkünfte ein.

Aufgeschreckt von Berichten aus Oberschlesien, rief Wichern im Februar 1848 über die „Fliegenden Blätter" eine nationale Hilfs- und Spendeaktion ins Leben[108]. Es gelte zu beweisen, „daß wir Ein Christenvolk in Einem Vaterlande sind." Alle 24 im Rauhen Haus gerade anwesenden Brüder waren zu einem Einsatz in Schlesien bereit. Mit acht von ihnen und einem Oberhelfer[109] brach Wichern am 8. März nach Czarkow auf, wo Graf Hans Heinrich von Hochberg Badehäuser und Hotels seiner Schwefelquelle zur Verfügung gestellt hatte. Dort übernahmen die Brüder die Betreuung von 80 evangelischen Waisenkindern. Wichern dachte auch an die Zukunft. Nach seiner Rückkehr schlug er dem preußischen Innenminister vor, für die langfristige Waisenbetreuung nach dem Rauhhäusler Familienprinzip arbeitende landwirtschaftliche Erziehungshöfe einzurichten. Prompt wurde er zum Mitglied einer

Regierungskommission berufen, die sich der Waisenhilfe annehmen sollte. Außer Wichern gehörten ihr ein jüdischer Arzt, ein katholischer Priester sowie ein Verwaltungsbeamter an.

Im September 1848 machte sich die Kommission nach Oberschlesien auf, um sich einen ersten Überblick zu verschaffen. Organisatorisch lag vieles im Argen. „Bürgermeister, Komitees, Landräte, Private, Kommissare pp. – alle haben durcheinander gewirtschaftet, und keiner weiß vom andern. Wie oft hat der eine die Anordnungen des andern völlig wieder aufgehoben", schrieb Wichern seiner Frau nach Hamburg[110]. Nach gut zwei mit Besichtigungen und Besprechungen randvoll gefüllten Wochen berichtete Wichern für die Kommission nach Berlin, dass bis zum Wintereinbruch noch für mindestens 2 000 Kinder Unterkünfte gefunden werden müssten. Im Frühjahr 1849 wurde er erneut nach Schlesien geschickt. Jetzt war er mit dem konfessionell heiklen Problem befasst, dass katholische Kreise gegen die in der Regel gut geführten evangelischen Waiseneinrichtungen intrigierten.

Ein letztes Mal in amtlichem Auftrag reiste Wichern Anfang 1850 in die Krisenregion. Drei Domänen sollte er auf ihre Eignung als Waisenhäuser überprüfen und darüber hinaus den Fürsterzbischof von Breslau zur Zusammenarbeit bewegen. Die Waisenarbeit der Katholiken war nach Wicherns Urteil in jeder Hinsicht unzureichend. Den Berliner Stellen schlug er vor, die Kinder nach Konfessionen zu trennen und vorrangig für die 4000 bis 5000 katholischen Waisen, von denen die Hälfte mehr schlecht als recht in Pflegefamilien untergebracht war, Heime mit Schulen und Werkstätten einzurichten. Dafür müssten gezielt Erzieher und Landschullehrer ausgebildet werden. Die Kosten für sein pädagogisches Aufbauprogramm veranschlagte Wichern auf 834000 Taler für zehn Jahre. 600000 müssten vom Staat kommen, die restlichen Gelder in der Region über Spenden und Zuwendungen aufgebracht werden. Allen Beteiligten leuchtete der Vorschlag ein. Der Fürsterzbischof in Breslau sicherte Mitarbeit zu. Ein katholischer Priester wurde zum „Erziehungskommissar" ernannt und zur Hospitation ins Rauhe Haus geschickt. Im Mai 1851 schließlich verabschiedeten die preußischen Kammern ein Gesetz, „die Unterhaltung, Verpflegung und Erziehung der oberschlesischen Typhuswaisen betreffend"[111]. Im Großen und Ganzen wurde Wicherns Konzept verwirklicht.

Siebtes Kapitel

Gefängnisreformer,
preußischer Ministerialbeamter

Als Wichern 1843 sein Konzept einer „Brüderausbildung" veröffentlichte, hob er werbend einen „$1^1/_2$- oder 2-jährigen Kursus" für künftige
Gefängnisaufseher hervor. In ihnen sollten Straf-
anstaltsprediger „mit Liebe, Vorsicht und Weis-
heit ausgerüstete Helfer finden, während die
Ökonomie der Gefängnisse an ihnen auch in
Handarbeiten und deren Beaufsichtigung ge-
wandte Arbeiter antreffen wird."[112] Schon als Stu-
dent in Berlin hatte sich Wichern mit Fragen des
Strafvollzugs beschäftigt und „mannigfachen
Nutzen" aus einem Buch des Arztes Dr. Nikolaus
Heinrich Julius über „Gefängniskunde" gezogen.
„Sein Bemühen", schrieb er über seinen Lehrer
und Freund, „geht dahin, alle, die dazu wirken
können, anzureizen, daß sie den Elenden und
Beklagenswerten in die Nacht der Gefängnisse

die tröstende und rettende Stimme und Gabe des Evangelii bringen."[113] Julius propagierte die Einzelhaft und hat auch Friedrich Wilhelm IV. für sie einnehmen können.

Die Strafgesetzgebung der damaligen Zeit begnügte sich mit Bestimmungen über Höchst- und Mindeststrafen[114]. Gesetzliche Vollzugsbestimmungen kannte man noch nicht. Verurteilte wurden weggesperrt – in der Regel in Gemeinschaftszellen. Zuchthaushäftlinge mussten arbeiten. Aufs Ganze gesehen herrschte in den Anstalten militärischer Drill. Kein Wunder, das Aufsichtspersonal bestand mehrheitlich aus ehemaligen Soldaten. Wenn überhaupt war ein (meist schlecht bezahlter) Geistlicher die einzige Autorität, die für Gefangene persönlich zu sprechen war.

Ein Gefängnis hat Wichern erstmals 1837 in Bremen besichtigt[115]. Über Vollzugsfragen war er bestens informiert. Regelmäßig las er die von

Julius herausgegebenen „Jahrbücher der Gefängniskunde und der Besserungsanstalten" sowie Fachliteratur. Auch Gefängnisprediger wie Pastor Jablonowski in Insterburg meldeten sich öffentlich zu Wort. Mit ihm stimmte Wichern überein, dass „erst mit Hilfe rechtschaffener, frommer und wahrhaft christlich gesinnter Aufseher ... etwas in der Besserung der Gefangenen geschafft werden" kann[116]. Ein Schritt in diese Richtung war die Ausbildung qualifizierter „Gefangenendiakone" im Rauhen Haus.

Strafvollzugsreformen standen in Deutschland bis Mitte des 19. Jahrhunderts nicht an der Spitze der politischen Tagesordnung. Dennoch, in einigen Ländern wie Baden und Preußen tat sich etwas: Friedrich Wilhelm IV., von Julius beraten, ließ ab 1842 im Berliner Stadtteil Moabit ein Mustergefängnis errichten. Vorbild war das von amerikanischen Quäkern entwickelte „pennsylvanische System", das Häftlinge in strenger Einzelhaft hielt, ausdrücklich aber Besuche von philanthropisch oder religiös eingestellten Menschen bei den Gefangenen vorsah. In diesem Zusammenhang hatte Julius den preußischen König auf das Rauhe Haus und auf Wicherns Gehilfenausbildung aufmerksam gemacht[117]. Ab 1844 finanzierte Preußen im Rauhen Haus zunächst zwei, drei Jahre später per Vertrag jährlich sogar zwölf Ausbildungsplätze für angehende Aufseher.

Wichern kannte die Strafvollzugspraxis aus eigener Anschauung. Jede sich ihm bietende Gelegenheit nutzte er, um auf Reisen Gefängnisse zu besichtigen und mit Direktoren, Geistlichen sowie Gefangenen zu sprechen. Die Massenunterbringung von Häftlingen hielt er für schädlich, das dürftig angelernte Aufsichtspersonal für ungeeignet, weil gefühllos und am Schicksal der Gefangenen desinteressiert. Dagegen sah er den Staat in der Pflicht, „den ethischen Verhältnissen und Beziehungen des Strafgefangenen Rechnung zu tragen, ihm zur Wiedererlangung des persönlichen sittlichen Verlustes, den er durch sein Verbrechen erlitten, dienlich zu sein, ihm zur Heilung des sittlichen Schadens, aus dem sein Verbrechen hervorgegangen, zu helfen und ihn damit vor Rückfall zu bewahren."[118] Wichern befürwortete die Einzelhaft nach dem pennsylvanischem System. Dies erfordere ausgebildetes Personal, das im Gefängnis als „sittlich untadelige Gemeinschaft" auftreten und „von der eine lebendig sittliche Gegenwirkung gegen den Geist und die Versuchung des Verbrechens" ausgehen müsse[119].

In Berlin nahm man Wicherns Reformvorstellungen[120] aufmerksam zur Kenntnis. 1851 übertrug ihm der preußische Innenminister das „Kommissiorium einer Revision aller preußischen Gefängnisse"[121]. In Abstimmung mit dem Central-Ausschuss der Inneren Mission nahm Wichern den Auftrag an. Dreimal machte er sich in den Jahren 1852 und 1853 in die preußischen Provinzen auf und visitierte Arbeitshäuser und Strafanstalten in 45 Orten. Überwiegend schlimme Zustände, rüde Vollzugsbeamte und vereinzelt ungeeignete Geistliche bekam er zu Gesicht.

Nach einem Besuch des Bonner Arresthauses schrieb er nach Hause: „Die Husarenfrau als Oberaufseherin mit der Peitsche, unter deren Zucht sie die gefangenen Weiber zusammenhält, war das letzte Stück des Bildes, das ich von diesem Hause des Elends herausnahm."[122]

Eines der „greulichsten" Gefängnisse fand er in Wehlau (Ostpreußen) vor: „Zweiundvierzig Menschen waren in vier Räumen ohne Beschäftigung eingesperrt und sechs Uhr bereits alle auf den Pritschen, d. h. im Bett ... Mann war an Mann gepfercht. Durch das eine Männerlokal hindurch führt der Weg zu den Weibern ... Die Pestluft war wie ein Körper, ein dicker Qualm, der einen fast zu Boden warf – und doch war es erst sechs Uhr abends. Wie mag diese Luft am anderen Tag beschaffen sein. Einige dieser Löcher haben auch am Tage nur Dämmerlicht."[123] Nicht weniger empört war Wichern über einen Gottesdienst im Zuchthaus Sonnenburg: „An sechshundert Gefangene waren in der reich geschmückten Kirche versammelt; der Pastor des Zuchthauses predigte so, daß er dafür ins Zuchthaus gemußt hätte, – eine große Deklamation, die der Visitation die innere Leerheit der Predigt verdecken sollte ... Wir haben uns dahin geeinigt, daß der Anstaltsgeistliche fort muß."[124]

Drei Jahre zog sich die Auswertung seiner Inspektionsreisen hin. Mehrmals wurde Wichern zum König gerufen, um Bericht zu erstatten. Dabei stellte sich heraus, dass die Berliner Ministerialbürokratie von Reformen, zumal vom pennsylvanischen System nicht allzu viel hielt, und dass es sogar in der neuen Strafanstalt Moabit alles andere als mustergültig zuging. Verärgert griff der König ein und sorgte im April 1856 für den Beschluss, in Moabit das pennsylvanische System einzuführen und neues Personal einzustellen. Wichern schlug Brüder des Rauhen Hauses vor. Der König stimmte zu. Im Oktober übernahmen die ersten 22 Brüder den Aufsichtsdienst in der Anstalt, weitere 18 folgten im Dezember. Noch im gleichen Jahr ordnete der König an, Anstalten nach Moabiter Vorbild auch in anderen Landesteilen zu errichten und insgesamt das Gefängniswesen in Preußen zu erneuern. Dazu vergewisserte er sich Wicherns Mitarbeit, in dem er ihn mit Kabinettsorder vom 14. Januar 1857 in den preußischen Staatsdienst zum „Vortragenden Rat in Angelegenheiten der Strafanstalten und des Armenwesens" sowie gleichzeitig zum Oberkonsistorialrat und Mitglied des Evangelischen Oberkirchenrats berief.

Wichern fühlte sich geehrt. In seiner Berufung sah er die einmalige Chance, die sittlich-religiösen Anliegen der Inneren Mission unmittelbar in einem Hoheitsbereich des Staates zu verwirklichen. Auf der anderen Seite wollte er unabhängig und Vorsteher des Rauhen Hauses bleiben.

Berlin kam ihm entgegen und willigte ein, dass er im Winter in der preußischen Hauptstadt, im Sommer in Hamburg arbeitete.

Eine „Trennung" vom Rauhen Haus wäre „eine unheilvolle Zerschneidung meines Lebens geworden", gestand Wichern in einem Rundbrief an die Brüder[125]. Wie intensiv er von Berlin aus in Kontakt mit dem Rauhen Haus zu bleiben gedachte, hat er bis ins Kleinste durchorganisiert. Täglich musste ihm sein „Bureau" einen Bericht über die eingegangene „Correspondenz" schreiben, die Wichern auf „4 & 5000" im Jahr bezifferte. Den Bericht schickte er umgehend zurück, „nachdem er seine Verfügung, ob gleich? und was? geantwortet werden solle, oder ob er sich selbst die Antwort vorbehalte, daneben notirt" hatte. Einen „2ten täglichen Bericht" erhielt der Vorsteher „über die Interna der Anstalt, durch den er mit Allem was vorfalle, auch dem scheinbar geringfügigsten – beständig vertraut" blieb[126].

In den ersten Jahren seiner Berliner Tätigkeit kümmerte sich Wichern um den Vollzug in Moabit, die Arbeit der Brüder dort, um Seelsorge und Unterricht in den Strafanstalten sowie um die Ausbildung des Aufsichtspersonals, das nach wie vor aus dem Kreis ausgedienter Soldaten rekrutiert wurde.

Nur charakterlich Gefestigte kamen für Wichern als Aufseher in Frage. Ein Gefangener sei „überaus schwierig zu behandeln". Nur zu gut wisse er, „daß sein Wohl und Wehe zunächst in der Hand des Aufsehers ruht, und damit setzt er diesen in die Notwendigkeit, eine Rückwirkung zu üben, die, wenn sie ein sittliche ist, auch eine bewußte sein muß."[127] Umso nötiger sei eine „geistige Ausbildung für eine positive Wirksamkeit im sittlichen Bereich."[128] Die Gründung einer staatlichen Schule zog Wichern vorerst nicht in Betracht, dafür aber ein „Brüderhaus", am besten unmittelbar im Umkreis des Moabiter Gefängnisses.

Der Plan war nicht neu. Seit Jahren hatte Wichern eine christliche Ausbildungsstätte in Berlin im Kopf und darüber mehrmals mit dem inzwischen schwer erkrankten König gesprochen. Nun trug er das Vorhaben Freunden aus der Inneren Mission und aus Ministerien vor. Tatkräftig unterstützten sie ihn wie die gräfliche Familie Bismarck-Bohlen, die ein Startkapital von 1000 Talern stiftete. Wichern stellte ein Kuratorium zusammen und formulierte Statuten. Auf einer Versammlung am 25. April 1858 in der Berliner Singakademie stellte er 700 Berlinern aus Adel und Bürgertum das „Evangelische Johannesstift" vor. Der Brüderanstalt im Rauhen Haus vergleichbar, wolle es „evangelische Männer" zu „gemeinsamer Arbeit in Wort und Werk unter Armen, Kranken, Gefangenen, Kindern" sammeln und „zu diesem Dienst durch Schule und praktische Übung" vorbereiten[129]. Ein Schwerpunkt, so Wichern, werde die Fürsorge „für Entlassene" und „für die noch in der Strafe Befindlichen" sein[130].

Im Herbst nahm das Stift in einer Moabiter Mietwohnung seine Arbeit auf. Aus Hamburg siedelten zwölf Brüder in die preußische Hauptstadt um – an ihrer Spitze Pastor Friedrich Oldenberg, seit 1849 Oberhelfer im Rauhen Haus und Wicherns engster Mitarbeiter. Er wurde der erste Inspektor des Stifts und Gefängnisgeistlicher in Moabit.

Als Vorsteher hat Wichern sich nach Kräften am Aufbau des Johannesstiftes beteiligt. Die Tagesarbeit jedoch überließ er Oldenberg, denn bald schon nahm ihn eine politische Herausforderung ersten Ranges in Anspruch. Im Preußischen Abgeordnetenhaus regte sich heftiger Widerstand gegen Wicherns Gefängnisreform und die Einführung der Einzelhaft. Über Jahre zog sich die Auseinandersetzung hin. Sie endete für Wichern mit einer herben Niederlage.

Entzündet hatte sich der Streit an der eher verfahrenstechnischen Frage, ob es zur Einführung der Einzelhaft eines Gesetzes oder, wie von der Regierung vorgesehen, lediglich einer Verordnung bedurfte. Im Kern jedoch ging es um inhaltliche Differenzen. Kritiker wie der einflussreiche Strafrechtsprofessor Franz von Holtzendorff bemängelten an der Einzelhaft, sie führe zu Isolation und Einsamkeit. Statt zu humanisieren, verschärfe sie die Strafe. Wichern hielt dagegen, es gehe lediglich darum, den Austausch der Gefangenen untereinander zu unterbinden. Keineswegs solle ihnen „die Gemeinschaft mit Menschen überhaupt" entzogen werden. Im Gegenteil, die Vollzugpraxis wie in Moabit sei darauf gerichtet, durch geeignete Aufseher „das Recht der Gefangenen auf Sprache" und auf „Gemeinschaft mit sittlich unbescholtenen, ihnen in wahrer Menschenliebe dienenden Menschen zurückzugeben."[131]

Die Kritiker überzeugte das nicht. Zum Schluss zogen sie sogar die Aufseherbrüder des Rauhen Hauses und des Johannesstiftes in die Auseinandersetzung hinein. Böse Worte fielen im Parlament. Der Abgeordnete John, Rechtsprofessor aus Königsberg, nannte die Brüder eine „religiöse Sekte"; der Abgeordnete Krause, Theologe aus Berlin, bezichtigte sie der „methodistischen Quälerei". Der Merseburger Abgeordnete Eberty verstieg sich zu der Behauptung, Gefangene würden von den „pietistisch" geschulten Brüdern „seelisch" gefoltert[132].

Tapfer setzte sich Wichern zur Wehr – vor allem gegen die Unterstellung, die Brüder missionierten im Gefängnis. Er verwies auf ihre pädagogische Ausbildung, auf statistisch nachgewiesene Resozialisierungserfolge in Moabit[133]. Pietist sei keiner von ihnen, schon gar nicht engherzig oder weltabgewandt, wohl aber seien alle praktizierende Christen und hielten damit nicht hinter dem Berg: „Es gibt nun einmal kein religiöses Bewußtsein, das nicht irgendwie bestimmt oder bestimmend auftrete. Und sollte dazu allein das Bekenntnis der evangelischen Wahrheit nicht berechtigt sein?"[134] Alle guten Argumente halfen nichts. Die knappe liberale Mehrheit im Preußischen Abgeordnetenhaus, die in Maßen christlich, nicht aber im engeren Sinne kirchlich gestimmt war, blieb bei ihrem Argwohn. Als 1863 der Vertrag mit dem Rauhen Haus über die Gestellung von Aufsehern verlängert werden sollte, verweigerte sie ihre Zustimmung.

Wichern war tief enttäuscht. Trotz seiner Niederlage blieb er im Staatsdienst noch bis 1872 aktiv, aber sein Engagement für Reformen im Strafvollzug nahm ab. Maßgeblich war er noch an den Vorarbeiten für die Strafgesetzgebung des Norddeutschen Bundes (ab 1866) und des Deutschen Reiches (ab 1871) beteiligt. In die Vollzugspraxis griff er immer weniger ein.

Achtes Kapitel

Organisator der Inneren Mission

Am 29. Oktober 1860 feierten Amanda und Johann Hinrich Wichern silberne Hochzeit. In herzlicher Gemeinschaft führten sie eine damals übliche, wesentlich vom Arbeitspensum des Familienoberhauptes geprägte Ehe. Wichern war jetzt 52 Jahre alt – nach wie vor bienenfleißig und voller Tatendrang. Schon mit 31 Jahren hatte er alle Hände voll zu tun gehabt. „Die Leute trauen mir viel mehr zu, als ich zu leisten im Stande bin", gestand er damals seiner Frau[135]. In Wahrheit lud er sich Aufgaben und Arbeit permanent und freiwillig selbst auf. Ohne ihn wäre der Aufbau der Inneren Mission wesentlich langsamer vonstatten gegangen. Bereits zur ersten Sitzung des provisorischen Central-Ausschusses am 11. November 1848 legte er eine Organisationsskizze vor, die sowohl in das Statut als auch in das Programm des Central-Ausschusses eingegangen ist. Beide Dokumente wurden im Januar 1849 veröffentlicht.

Der mehrheitlich aus Laien zusammengesetzte Central-Ausschuss[136] verstand sich als eine „der Kirche dienende Stelle" und als „Mittelpunkt für die innere Missionstätigkeit im gesamten deutschen Vaterlande."[137] Seine wichtigste Aufgabe sah er darin, zwischen den bestehenden „Vereinen und Gesellschaften" der Inneren Mission eine „gegenseitige belebende Annäherung und Verbindung ... zu veranlassen" sowie „die vorhandenen Notstände zu ermitteln, sie zur Kenntnis – und die Verpflichtung zur Hilfe zur Anerkennung zu bringen."[138]

Eine formale Mitgliedschaft im Central-Ausschuss sah das Statut nicht vor. Doch konnten Vereine und Anstalten ihren „Anschluss" erklären. Sie bildeten den Kern der im Ganzen auf Freiwilligkeit und Kooperation angelegten Organisation. Von einem straff von oben nach unten geführten Verband hielt Wichern ganz und gar nichts. In der Selbständigkeit eines Vereins oder einer Anstalt sollte sich die aus Glauben freiwillig erbrachte Liebesarbeit des Christen widerspiegeln. Auf der anderen Seite sah er die Gefahr, dass sich die Innere Mission in Einzelaktivitäten verzetteln könnte. Gezielt förderte er deshalb die Gründung von Landes- und Provinzialvereinen. Hamburg und Bremen machten den Anfang. Im Laufe der Zeit entstanden in den meisten Kirchenregionen Zusammenschlüsse nach Art von Dachverbänden.

Eine wichtige Rolle beim Aufbau der Inneren Mission spielten vom Central-Ausschuss eingesetzte, ehrenamtlich tätige „Agenten". Landauf, landab warben sie für die Innere Mission, sammelten Informationen über soziale oder kirchliche „Notstände", lancierten Pressebeiträge und luden Vereine, Anstalten sowie Prediger- oder Lehrerkonferenzen zur Zusammenarbeit ein. Bis August 1849 hatten sich dem Central-

Ausschuss schon 24 regionale Vereine ange-
schlossen. Die Liste der Agenten umfasste 116
Namen[139]. Unter ihnen waren Pastoren, Land-
und Schulräte, Lehrer, Adlige und Gutsbesitzer
zu finden. Auch ein Fabrikant hatte sich zur
Verfügung gestellt. In seinem ersten Bericht
machte er den Central-Ausschuss auf den desolaten Zustand des Volksschulwesens aufmerksam. Um Abhilfe zu schaffen, habe er auf „eigene Rechnung" einen Predigtamtskandidaten
als Lehrer für die Kinder seiner Arbeiter eingestellt[140].

Andere Agenten widmeten sich den Folgen der
Wirtschaftskrise. Viele Menschen trügen sich
mit dem Gedanken auszuwandern, berichtete
ein Dekan aus Oberfranken: „Wenn nicht die
teutschen Regierungen im Verein mit der i. M.
kräftig zusammenwirken, daß in unserem Proletariat ein Ausweg eröffnet wird, und zwar unge-
säumt, sonst sind wir in solchen Gegenden, wie
der unseren, in zehn Jahren an die äußerste

Grenze der Armuthsverwilderung angekommen." Mit einem gänzlich anderen Übelstand schlug sich der großherzogliche Kammerherr von Wederhopp aus Oldenburg herum: „Hungern thut hier niemand noch frieren." Doch sei „unter einer leidigen Konsistorialwirtschaft" die Kirche „eine völlig tote geworden." Die Geistlichen müssten „Register führen, Scheine schreiben, Rechnungen revidieren, Rekruten ausheben helfen". Sie hätten keine Zeit, „rechte Hirten zu sein."

Durch die Berichte seiner Agenten war der Central-Ausschuss in Berlin über die soziale und kirchliche Lage in Deutschland bestens informiert. Er reagierte mit Anregungen und Stellungnahmen oder mit Veröffentlichungen in den „Fliegenden Blättern". In erster Linie aber sorgte er für Austausch und gegenseitige Beratung. Regelmäßig lud er Vereine, Agenten und Interessierte zu Kongressen der Inneren Mission ein. Zeitlich und örtlich waren sie mit den Zusammenkünften des deutschen evangelischen Kirchentages verbunden. Dessen Vorhaben, die landeskirchliche (auch konfessionelle) Eigenbrötelei zu überwinden und einen evangelischen Kirchenbund zu gründen, verlief im Sande. Ab 1871 fanden keine Kirchentage mehr statt. Dagegen entwickelten sich die Kongresse für die Innere Mission zu der damals einzigen gesamtkirchlichen Organisation wenigstens auf diakonischem und missionarischem Gebiet[141].

Auf nahezu jeder Tagung hat Wichern ein Referat gehalten. Wie nicht anders zu erwarten, war sein Themenspektrum breit gefächert. Auf dem Kongress in Wittenberg (1849) referierte er über das Elend der Wanderarbeiter[142], in Bremen (1852) über Reformen im Strafvollzug[143]. In Lübeck (1856) machte er den „Dienst der Frauen in der evangelischen Kirche" zum Thema[144], in Barmen (1860) die „Erziehung der weiblichen Jugend in der arbeitenden Bevölkerung"[145]. Auch auf den Kirchentagen ergriff er das Wort – in Berlin

(1853) referierte er über die Lage der evangelischen Deutschen in der europäischen Diaspora[146], in Brandenburg (1862) über „Die Verpflichtung der Kirche zum Kampf gegen die heutigen Widersacher des Glaubens"[147], in Stuttgart (1869) über Rolle und Aufgabe der Laien in der Kirche[148].

Nicht nur Themen von allgemeiner Bedeutung brachte Wichern auf die Tagesordnung der Kongresse. Großen Wert legte er auf die Erörterung fachspezifischer Probleme. Dazu richtete er im Tagungsverlauf „Abteilungen" und „Spezialkonferenzen" ein, die sich mit Einzelfragen wie der Sonntagsheiligung, der Krankenpflege, der Öffentlichkeitsarbeit, der Alkoholikerfürsorge oder mit dem Schul- und Erziehungswesen beschäftigten. Da die meisten Kongressteilnehmer „Berufsarbeiter der Inneren Mission", also hauptamtlich tätig waren, dienten die „Spezialkonferenzen" neben dem fachlichen Austausch auch der gemeinsamen Fortbildung.

Anfangs im Hintergrund, ab 1858 als Präsident war Wichern die treibende Kraft im Central-Ausschuss. Nicht nach Ämtern oder Würden strebte sein hanseatisches Naturell, um so mehr aber nach Taten. Hamburger – so sein väterlicher Freund Senator Hudtwalcker – verfügten über einen „gewissen praktischen, auf das Nützliche gerichteten Verstand"[149]. Wie kein zweiter Theologe wusste Wichern, Pläne zu entwerfen und Ideen umzusetzen. Der Central-Ausschuss war sein organisatorisches Meisterstück. Wäre Wichern nicht gewesen, der Central-Ausschuss hätte nicht in relativ kurzer Zeit auch nur annähernd die Funktion erlangt, die Wichern der Inneren Mission von Anfang an strategisch zugedacht hatte – die eines arbeitsfähigen Netzwerks gesamtkirchlicher Erneuerung und diakonischer Zusammenarbeit.

Neuntes Kapitel

Rückzug von der Arbeit, Krankheit und Tod

Im September 1863 feierte das Rauhe Haus sein 30-jähriges Bestehen. Aus Berlin war „Hausvater" Wichern angereist. Ein Junge und ein Mädchen wurden aufgenommen. Die Brüder hatte Wichern zu einem Brüdertag eingeladen.

Trotz vieler Verpflichtungen in Berlin und anderswo hat Wichern sein Vorsteheramt nicht vernachlässigt. Nach wie vor hielt er sich in den Sommermonaten im Rauhen Haus auf, übernahm die Singstunden mit den Kindern und unterrichtete die Ausbildungsbrüder[150]. Wer den bald Sechzigjährigen in seiner „eigentlichen Heimat" als Pädagoge und Hausvater erleben durfte, dem „erschien er", wie Johannes Hesekiel, Reiseagent der Inneren Mission, nach einem Besuch in Hamburg notierte, „als ein

Jüngling, der in seinem Verkehr mit klein und groß, alt und jung etwas wahrhaft Hinreißendes hatte."[151]

Auf der anderen Seite war nicht zu übersehen, wie sehr den Vorsteher sein mit Reisen, mit Konferenzen und Auseinandersetzungen verbundenes Arbeitspensum drückte. Immer schwerer trug Wichern an dieser Last. Schon als Jugendlicher hat er von Kopfschmerzen und inneren Spannungen berichtet[152]. Im Alter nahmen Wicherns Erschöpfungszustände zu. Doch kaum war eine Erholung eingetreten, überhäufte er sich wieder mit Arbeit. Ständig sah er sich in einer Pflicht. Immerhin wusste er kleine oder größere Gelegenheiten zu genießen, die ihm wenig bis gar nichts abverlangten. Das konnte ein erbaulicher Gottesdienst in der Werderschen Kirche in Berlin, ein Chor- und Orchesterkonzert am Rande eines Kongresses der Inneren Mission oder das von ihm mitbegründete Berliner „Mittwochskränzchen" sein. Hier kamen im Winter regelmäßig Wissenschaftler und Kirchenleute zu Vortrag und Geselligkeit zusammen. Doch gemächlich ging es in Wicherns Alltag niemals zu. Im Gegenteil, sah er aktuell Aufgaben auf die Innere Mission zukommen, reagierte er ohne Umschweife und ohne Rücksicht auf seine labiler werdende Gesundheit, zum Beispiel 1864 im Deutsch-Dänischen Krieg.

Wenige Tage, nachdem Truppen des Deutschen Bundes die Eider überschritten hatten, reiste Wichern am 20. Februar mit zehn Brüdern des Johannesstiftes und des Rauhen Hauses nach Flensburg. „Feldmission" nannte er die mit dem Kriegsministerium in Berlin abgesprochene Aktion. Vier Brüder pflegten verwundete Soldaten im Flensburger Militärhospital. Mit den anderen verteilte Wichern in den Soldatenquartieren Briefpapier, Bücher, Tabak und Zigarren. In der Flensburger Löwenapotheke hatte man ein Depot für „Liebesgaben" eingerichtet. Dorthin schickten Hamburger Freunde der Inneren Mission sowie der Johanniterorden für die Feldmission bestimmte Wäsche, Wollsachen, Neue Testamente, Liederbücher und Proviant.

Bis in die vordersten Linien durften Wicherns Feldmissionare Dienst tun. Alle trugen mit Genehmigung der Militärführung am linken Arm eine weiße Binde mit dem Hanseatenkreuz. Erstmals trat damit auf einem Kriegsschauplatz das „Rote Kreuz" in Erscheinung[153]. Die von Henry Dunant organisierte Genfer Konferenz zur Gründung freiwilliger Hilfsgesellschaften im Oktober 1863 hatte es als Kennzeichen humanitärer Dienste empfohlen. So geschützt, transportierten die Brüder – einige waren ausgebildete Krankenpfleger – Verwundete in eigens vom Johanniterorden beschafften Krankenwagen von den Verbandsplätzen in die Lazarette.

Mit vaterländischem Ernst und Verständnis für die Armseligkeit des Soldatenlebens hat Wichern in den „Fliegenden Blättern" von der Feldmission berichtet[154]: „Der Krieg lässt sich aus der Ferne recht poetisch und ritterlich-romantisch an, in der Nähe ist er aber eine harte, schwere Wirklichkeit … Die große Zahl der Kameraden, die in die Lazarette abgeführt werden, und die Kunde von vielen dort krank und schwerkrank Darniederliegenden presst manchem die Brust zusammen … Summa: wenn man dies Alles sieht und hört, werden der Wille und die Liebe gebieterisch aufgerufen, hier zu dienen, soweit es möglich ist."[155] Wichern war kein Pazifist. Als Lutheraner hielt er Kriege mit den Grundsätzen des christlichen Glaubens für durchaus vereinbar[156]. Im Übrigen war er Patriot, obrigkeitstreu und insofern innerlich auch dem Militär verbunden. Doch nicht für Militärisches, sondern für das Soldatenleid schlug sein Herz.

Kein Wunder, dass Wichern erneut die Initiative ergriff, als am 15. Februar 1866 wieder ein Krieg, diesmal zwischen Preußen und Österreich, ausbrach. In den „Fliegenden Blättern" rief er „evangelische Männer aller Stände auf", sich als „Felddiakone" zur Verfügung zu stellen. Geld- und Sachspenden erbat er an ein eilig in Berlin eingerichtetes Büro[157]. Die Freiwilligen sollten im Sanitätsdienst arbeiten, die kämpfende Truppe seelsorgerlich betreuen sowie die Militärpfarrer unterstützen. Wicherns Aufruf wurde gehört. Zum Einsatz kamen 110 Felddiakone, unter ihnen 16 Brüder des Rauhen Hauses.

Auch im Krieg mit Frankreich 1870/71 war Wichern diakonisch aktiv. Im Rauhen Haus wurde beschlossen, „4 - 5 Verwundete in die Anstalt zur Heilung" aufzunehmen[158]. Und wieder organisierte Wichern eine Felddiakonie, diesmal in großem Stil. Gut 1500 Männer meldeten sich, 360 wurden ausgewählt und in 15 Kolonnen verschiedenen Truppenteilen zugeordnet. Eine Kolonne betreute französische Kriegsgefangene. Als kurz vor Kriegsende Wichern das Büro der Felddiakonie schließen konnte, zog er in den „Fliegenden Blättern" Bilanz [160]: Mit „hingeben-

der Treue" hätten die Felddiakone als Krankenpfleger und Pfarrgehilfen „die Kämpfe und Lei-
den der deutschen Truppen geteilt und durch
brüderlichen Beistand erleichtert." Gut 120 000
Bücher sowie 145 000 „kleinere Schriften",
Journale und illustrierte Zeitungen seien verteilt
worden, davon ein Drittel an französische Gefangene. Gestiftet hatten das Schrifttum Buchhändler aus Österreich sowie der Schweiz, deutsche
und britische Bibelgesellschaften.

Mit der Felddiakonie hat Wichern der Kirche eine
sehr eigenständige Aufgabe im Krieg aufgezeigt.
Hier könne sie „durch die Tat erweisen ..., daß in
ihr Kräfte des Lebens wirken, die stärker und
größer sind als Not und Tod und die mitten in
Zwietracht und Blutvergießen die Saaten des
Friedens wecken."[161] Auf einer Konferenz der
Kirchleitungen im Juni 1870 trug er Gedanken
zur „christliche(n) Liebestätigkeit im Krieg von
ihrer kirchlichen Seite" vor[162]. Im Großen und
Ganzen stimmte man seinen Vorstellungen zu,

zum Beispiel junge Theologen auf diakonische Kriegseinsätze vorzubereiten. Unternommen haben die Landeskirchen jedoch nichts.

Die Felddiakonie war Wicherns letzte diakonisch-missionarische Großtat. Für sie mobilisierte er noch einmal alle seine Kräfte, die ihm nicht mehr so reichlich wie früher zur Verfügung standen. Am 19. April 1866 hatte er einen leichten Schlaganfall erlitten. Zwar kam er wieder auf die Beine, aber aus dem Vollen zu schöpfen, vermochte er seitdem nicht mehr. Häufiger denn je plagten ihn Kopfschmerzen und Müdigkeit. Zwar hielt er weiter Vorträge, besuchte Konferenzen, nahm an Sitzungen des Oberkirchenrats und in Ministerien teil. Aber seine Produktivität erlahmte.

Eine viel beachtete Arbeit aus seiner letzten Schaffensperiode war ein umfangreicher Aufsatz über „Rettungsanstalten als Erziehungshäuser in Deutschland"[163]. Er erschien 1869 in der „Encyklopädie des gesamten Erziehungs- und Unterrichtswesens". Hier gab Wichern einen sowohl historischen als auch systematischen Überblick über die christliche Heimerziehung seit Anfang des 19. Jahrhunderts. Keinen zweiten Autor gab es damals in Deutschland, der so viel Wissen und praktische Erfahrung im Umgang mit schwierigen Jugendlichen hätte zusammentragen können. Noch einmal schärfte Wichern der Öffentlichkeit den Blick für Jugendliche, die von der Gesellschaft ausgestoßen, übersehen oder vergessen werden, und für das Ziel der Sozialpädagogik, sie wieder in die Gesellschaft zurückzuführen.

Am 13. Juni 1871 traf Wichern ein zweiter, diesmal schlimmer Schlaganfall. Zeitweise war Wichern verwirrt und zu keiner geistigen Arbeit fähig. Verwandte und Freunde machten sich Sorgen. Der Arzt verordnete eine Kur in Bad Reichenhall. Dort kam Wichern einigermaßen zu Kräften, doch allen und selbst ihm war klar, dass seine Kräfte rapide abnahmen, dass er Arbeit abgeben musste. Resigniert nahm er es hin, für die Innere Mission nicht mehr an vorderster Stelle stehen zu können. Im Rauhen Haus dagegen wollte er weiter das Sagen haben. Johannes, dritter Sohn und Theologe, sollte ihn in der Leitung unterstützen, später einmal sogar sein Nachfolger werden. Wichern zog seine Frau zu Rate. Amanda war einverstanden. Beide fassten ins Auge, dass Wichern sich allmählich aus Berlin zurückzog.

Am 15. November 1871 traf Wichern sich mit Theodor Rhiem, dem Inspektor des Rauhen Hauses. Seit 25 Jahren ging dieser ihm zur Hand[164] und hatte in den vergangenen Jahren die Anstalt faktisch allein geleitet. Der Verwaltungsrat vertraute ihm, Kinder und Brüder schätzten ihn. Nicht ohne Grund machte er sich Hoffnungen, eines Tages Wicherns Nachfolger zu werden. Doch der hatte seinen Sohn ausersehen. Jetzt stand Rhiem im Wege. An jenem 15. November hielt

Wichern ihm auf krankhaft-kleinliche Weise eine Reihe von Leitungsmängeln vor, „um ihn zur Erkenntnis und Besserung eingerissener Verkehrtheiten zu bringen."[165] Rhiem fühlte sich wie vor den Kopf gestoßen. Noch nie hatte Wichern an seiner Arbeit etwas auszusetzen gehabt. Rhiem sagte Abhilfe zu. Doch als Wichern ihm unmissverständlich bedeutete, dass er auf keinen Fall als Vorsteher in Frage käme, platzte dem verdienten Inspektor der Kragen. Er kündigte, von einer auf die andere Minute. Wichern war es recht. Vierzehn Tage später teilte er dem Vorsitzenden des Verwaltungsrats mit, er werde in Berlin um Beurlaubung bitten und mit seiner Frau die „Arbeit im Rauhen Haus ... mit allen Pflichten resp. Rechten wieder in die eigene Hand nehmen ... Wir sind gottlob noch kräftig wie ehemals und werden mit neuer frischer Liebe in das Werk eintreten."[166]

An seiner Liebe zum Rauhen Haus zweifelte niemand. Aber mit der alten Frische war es dahin, als er im Mai 1872 nach Hamburg zurückkehrte. Ähnlich wie Rhiem bekamen auch andere Mitarbeiter Wicherns Unberechenbarkeit zu spüren. Nur wenige wussten, dass seine Kopfadern schleichend verkalkten, dass er an Gehirnerweichung (Enzephalomalazie) litt. Wichern ahnte, wie schlecht es um ihn stand. Depressionen plagten ihn. „In meinem Innern", schrieb er in seinen Kalender, „ist fortwährend Nacht und die Stimmung so trübe, daß es mir schwer wird, mich gegen meine Umgebung aufrecht zu halten."[167] Sorgen machte er sich vor allem um die Zukunft des Rauhen Hauses. Sie wurden ihm genommen, als im April 1873 der Verwaltungsrat seinen Sohn Johannes zum „stellvertretenden Vorsteher" wählte. Ab sofort überließ Wichern ihm die Leitung.

In der Nacht zum 5. April 1874 traf ihn ein dritter Schlaganfall. Er brachte die Krankheit endgültig zum Ausbruch. Wichern konnte nicht mehr selbständig gehen, nur mit zitteriger Hand vermochte er zu schreiben. Tageweise versank er in Teilnahmslosigkeit. Jetzt erst bat er endgültig um seine Entlassung aus dem preußischen Dienst. Unter Mühen gelang es ihm anfangs noch, Korrespondenz zu erledigen, Bücher zu lesen und in der Bibel zu studieren. Doch unaufhaltsam verfielen Körper und Geist. Wichern siechte dahin. Im Frühjahr 1880 versagte ihm die Sprache. Rührend pflegten ihn seine Frau und die älteste Tochter Caroline. Nachts wachten Brüder an seinem Bett. Die letzten Lebensmonate verbrachte er stumm und apathisch. Am frühen Nachtmittag des 7. April 1881 ist er gestorben.

Vier Tage später machte sich eine große Trauergemeinde nach einer Andacht im Betsaal vom Rauhen Haus aus auf den Weg zum Friedhof der Dreifaltigkeitskirche in Hamm. Der Central-Ausschuss und die preußische Regierung waren durch Hofprediger Wilhelm Baur, die Hamburgische Kirche durch Hauptpastor Adolph Kreusler und das Johannesstift durch Inspektor Carl Mörchen vertreten. Brüder des Rauhen Hauses trugen den Sarg. Ein Posaunenchor spielte Händels Trauermarsch, die Gemeinde sang Sterbelieder wie „Christus ist mein Leben" und „Ich bin ein Gast auf Erden". Die Beerdigung Wicherns war eine schlichte Feier. Schlicht ist auch der Grabstein aus Granit, den seine Witwe setzen und mit Wicherns Wahlspruch versehen ließ: „Unser Glaube ist der Sieg, der die Welt überwunden hat."[168]

Zehntes Kapitel

Resümee: Anwalt der Armen, Missionar der Kirche

Die Epoche, in der Johann Hinrich Wichern lebte, war eine Zeit fundamentaler Veränderungen. In seinem Geburtsjahr 1808 erschien Goethes „Faust, Zweiter Teil". In Frankreich konstruierte Joseph Marie Jasquard die erste Webmaschine für gemusterte Stoffe[169]. Technik und Kapitalismus revolutionierten Wirtschaft und Sozialgefüge. Das Christentum geriet ins Feuer philosophischer Kritik. Europa befand sich auf einem steinigen Weg in die Moderne.

Wer sich in Wicherns Lebenswerk vertieft, wird in die Konflikte und Aufbrüche der Epoche hineingezogen. Gleichzeitig tritt er in die Gedankenwelt eines frommen Theologen, eines gebildeten Zeitgenossen und begabten Organisators ein. Kirchlich gehörte Wichern zu den Erneuerern, politisch zur Restauration. Bürgerlich erzogen und ein Bürger geblieben, stritt er für die unteren Klassen und warb um sie als getaufte Mitglieder der Kirche. Obwohl in der Stadtrepublik Hamburg aufgewachsen, setzte er auf die Autoritäten des untergehenden Ständestaates.

Als Person war Wichern vieles zugleich – Theologe und Sozialpolitiker, Visionär und Pragmatiker, ein kluger Erzieher, ein konservativer und zugleich aufgeschlossener, in erster Linie aber ein entschiedener Christ. Aus dem Studium bereits schrieb er an einen väterlichen Freund: „Ich kann ... mich des Gedankens nicht erwehren, wie es zu aller Zeit, aber besonders in unserer, notwendig ist, jedesmal auf den innersten und tiefsten Punkt des Evangeliums zurückzugehen, auf die Kraft und unerläßliche Bedingung des Glaubens an den einen Mittler und Erlöser, durch welchen eben der Mensch in das Reich der Wahrheit eintritt." Ohne seine innere Bindung an das Evangelium, an die Offenbarung der in

Christus zur Welt gekommenen Liebe Gottes, ist Wichern als Person, sind vor allem seine theologischen und sozialen Anliegen nicht zu verstehen. Der „Geist des Glaubens an Christum", formulierte er auf der Gründungsversammlung des Rauhen Hauses, sei einer, „der durch die Liebe sich tätig, wirksam und geschäftig erweist, der Geist, mit dem der Mensch das Glauben und Lieben weder lassen kann noch lassen will."[171]

Wichern ging es sowohl um das Lieben als auch um das Glauben – nicht allein um eine soziale, sondern zugleich um eine religiöse Erneuerung: „Ohne Glaubensleben gibt es kein Lieben aus dem Glauben. Darum muß das erstere geweckt werden, damit es auch zu dem letzteren komme."[172] Noch Ende des 18. Jahrhunderts spottete Johann Gottfried Herder über die Kirche: „Der Prediger ist nur noch als Sittenprediger, als Landrat, als Listenmacher, als gehorsamer Polizeidiener unter staatlicher Autorität und fürstlicher Vollmacht zu existieren berechtigt."[173]

Das mochte übertrieben sein, aber es spiegelt die Teilnahmslosigkeit des zeitgenössischen Protestantismus wider, der Katechismus und Gesangbuch zu traktieren wusste, aber vom realen Leben wenig bis gar nichts wahrnahm. Wichern hat seiner Kirche die Augen für die sozialen Krisen der Zeit geöffnet und ihr mit der Inneren Mission ein in der Öffentlichkeit eigenständig auftretendes, verkündigend wie karitativ gleichermaßen aktives Christentum vorgelebt.

Auch Gesellschaft und Staat wollte Wichern erneuern. Den traditionellen Autoritäten des Staates, dem Adel und der Monarchie war er konservativ ergeben. Von der Gesellschaft dagegen hatte er keine hohe Meinung. Sie war ihm eine zufällige Summe isoliert lebender Individuen. Um in der Gesellschaft für sozialen Zusammenhalt und allgemein für sittliche Substanz zu sorgen, kam für Wichern einzig das Christentum in Frage, „die aus Gott stammende Erlösung und Neuschöpfung der Menschheit". Von ihm allein komme „Rettung wie aus aller, so auch aus der sozialen Not der ... jetzigen Tage."[174] Dass Wichern Armut und Verwahrlosung, Revolution und Arbeiterbewegung als Ausgeburten von „Sünde" und „Gottentfremdung" ansah, war aus seinem theologischen Blickwinkel plausibel, politisch jedoch naiv. Zu Recht ist ihm vorgeworfen worden, die wirtschaftlichen und sozialen Gründe für die Armutskrisen und gesellschaftlichen Umbrüche des 19. Jahrhunderts weder ernstgenommen noch wirklich verstanden zu haben. In buchstäblich letzter Minute hat er versucht, das Christentum als sittliches Band zwischen Volk und Staat neu zu knüpfen. Diese Mission ist gescheitert. Längst befand sich Deutschland auf dem Weg der Emanzipation sowohl von der Allgemeinverbindlichkeit des Christentums als auch vom Obrigkeitsstaat alter Ordnung.

Dennoch hat Wichern weltanschaulich Epoche gemacht. Wie kein zweiter Theologe hat er registriert, wie chaotisch die Welt sein kann, wie ungerecht es in ihr zugeht, wenn die Erinnerung an die Güte Gottes und an die Würde des Menschen verblasst. Wie kein Zweiter hat er damit wahr gemacht, dass das Christentum eine Religion nicht der Distanz, sondern der Liebe zum Menschen ist.

Ob auf der Straße, bei der Zeitungslektüre oder im Gefängnis – überall sprachen ihn „die entstellten, aber doch wahrheitstragenden Züge des Angesichts einer tiefgebeugten, schmerzerfüllten Menschheit"[175] an. Wicherns erste Leidenschaft waren Menschen in Not, seine zweite Frauen und Männer, die mit Ernst Christen und mit dem Liebesgebot des Neuen Testaments ernst machen wollen. Beide Leidenschaften haben ihn sozial erfinderisch gemacht, beide haben an seinem diakonischen Credo mitformuliert, „daß in der Armenpflege *das persönliche Verhältnis zwischen dem Pfleger und dem Armen* zu seinem Rechte kommen muß. Das nur *Geschäftliche*, die *Organisation* in jedem besonderen Falle, ist ein notwendiges, wichtiges, aber dennoch unwesentliches Beiwerk."[176]

Diakonisch hatte Wichern den Einzelnen im Blick, seine „Eigentümlichkeit" – „dasjenige, was alle Menschen miteinander gemein haben, was alle teilen, wodurch der Mensch Mensch ist; es ist, wenn man so sagen will, das eigentlich Menschliche im Menschen."[177] Kein Erzieher dürfe deshalb mit einem Kinde machen, „was er will, er hat kein Recht, willkürlich mit ihm zu handeln."[178] Auch im Umgang mit Erwachsenen lehnte Wichern respektloses Reglementieren ab. Die „sittliche Natur" des Menschen lasse „mit sich nicht experimentieren", geschweige denn sich „mechanisch behandeln"[179]. Die „Eigentümlichkeit" eines Menschen, so Wichern, beruht auf seiner Freiheit. Sie zu achten, bedeutet nicht, auf Anleitung oder auf Erziehung zu verzichten, wohl aber auf autoritäre Bevormundung. Wicherns Diakonie war nicht herablassend, sondern fürsorglich, seine Sozialpolitik nicht disziplinierend, sondern solidarisch. Ob im Rettungshaus oder im Gefängnis, im Hospital oder in einem Elendsviertel: Jede Arbeit für und mit Menschen hat etwas Barmherziges an sich. Diakonie ist „Liebesarbeit" (Wichern), kein lebensfern beziehungsloses, sondern ein subjektorientiert personales Helfen.

Trotz beeindruckender Erfolge liegt – aufs Ganze gesehen – ein Schatten über Wicherns Lebensleistung: Niemand hat die Innere Mission kongenial weitergeführt. Ursprünglich eine kirchliche Reformbewegung, entwickelte sie sich bald zu einem konfessionellen Wohlfahrtsverband. Auch im Rauhen Haus verblasste Wicherns pädagogische Originalität. Dennoch verdient er, uneingeschränkt ein Kirchenvater genannt zu werden. Sein als Innere Mission geknüpftes Netzwerk der Diakonie hat die evangelische Kirche gesellschaftsfähig gemacht. Und unverändert klingt bis heute sein Appell auf dem Wittenberger Kirchentag nach: „Die Liebe gehört mir wie der

Glaube!" Diese Lektion hat der Protestantismus gelernt. Jeden Tag buchstabiert er sie neu, wann immer einzelne Christen, wann immer Kirche und Diakonie öffentlich für Menschen in Not eintreten und ihnen mit Herz und Sachverstand zu einem erfüllten Leben verhelfen.

Der Autor

Dietrich Sattler, geboren 1943, studierte evangelische Theologie in Wuppertal, Bonn und Göttingen. Von 1970 bis 1972 war er Pastor der St.
Pauli-Gemeinde zu Bremen; von 1972 bis 1977
Leiter des Amtes für Öffentlichkeitsdienst der
Bremischen Ev. Kirche; von 1977 bis 1980 Leiter
des Amtes für Öffentlichkeitsdienst der Nordelbi-
schen Ev.- luth. Kirche in Hamburg; von 1980 bis
1984 Oberkirchenrat und Pressesprecher der
Evang. Kirche in Deutschland (Hannover); von
1984 bis 1994 Tätigkeit beim Deutschen Allgemeinen Sonntagsblatt in Hamburg (theologi-
scher Redakteur, 1986 Chefredakteur, 1992
Geschäftsführer). Seit 1995 Vorsteher der diakonischen Einrichtung DAS RAUHE HAUS in
Hamburg.

Literaturverzeichnis

Schriften Wicherns

Friedrich Mahling / Johannes Wichern (Hg.),
Gesammelte Schriften D. Johann Hinrich Wicherns I-VI,
Hamburg 1901-1908 (GS I - VI)

Peter Meinhold / Günter Brakelmann (Hg.),
Johann Hinrich Wichern. Sämtliche Werke I-X,
Berlin / Hamburg / Hannover 1958-1988 (SW I - X)

Johannes Wichern (Hg.), *Jugend- und Brautbriefe*
sowie Tagebuchblätter aus den Jugendjahren
D. Johann Hinrich Wicherns, Hamburg 1901
(Wichern, Jugend- und Brautbriefe)

Martin Gerhardt (Hg.), *Der junge Wichern.*
Jugendtagebücher Johann Hinrich Wichern,
Hamburg 1925 (Gerhardt, Der junge Wichern)

Benutzte Literatur

Regina Bohl, *Die Sonntagsschule in der Hamburger Vorstadt St.Georg (1825-1853)*, Zeitschrift des Vereins für Hamburgische Geschichte, Bd. 67, Hamburg 1981 S. 133 -175

Walter Erdmann, *Ohne Befehl. Das Rote Kreuz in Schleswig-Holstein*, Kiel 1987

Reinhard Freese, *Wichern und Bremen* in: Hospitium Ecclesiae. Forschungen zur Bremischen Kirchengeschichte, Band 22, Bremen 2003 S. 75-96

Martin Gerhardt, *Johann Hinrich Wichern. Ein Lebensbild,* 3 Bde., Hamburg 1927-1931 (Gerhardt, Lebensbild I - III)

Martin Gerhardt, *Ein Jahrhundert Innere Mission. Die Geschichte des Central-Ausschusses für die Innere Mission der Deutschen Evangelischen Kirche*, Bd. I Gütersloh 1948 (Gerhardt, Innere Mission)

Wolfgang Herbst, *Stille Nacht! Heilige Nacht! Die Erfolgsgeschichte eines Weihnachtsliedes*, Zürich / Mainz 2002

Volker Herrmann, *„Innere Mission"*
und „Diakonie" bei Johann Hinrich Wichern.
Eine Entwicklungsskizze seines Denkens,
in: Volker Herrman (Hg.), Diakonische Aussichten.
Festschrift für Heinz Schmidt,
Heidelberg 2003 S. 60-102

S. Jablonowski, *Das religiöse und kirchliche Element*
in der Bestrafung, Königsberg 1840

Maria Klügel, Wichern. *Ein Beitrag zur Geschichte*
der Sozialpolitik, Berlin 1940

Rolf Kramer, *Johann Hinrich Wicherns Gefängnisreform;*
in: Gerhard Besier / Christof Gestrich (Hg.),
450 Jahre Evangelische Theologie in Berlin,
Göttingen 1989 S. 287-308

Antje Kraus, *Die Unterschichten Hamburgs in der ersten*
Hälfte des 19.Jahrhunderts. Eine historisch-statistische
Untersuchung, Stuttgart 1965

Karl Kupisch, *Erschütterte Kirche.*
Die kirchliche Situation 1848, in: Hans Christoph von
Hase / Peter Meinhold (Hg.), Reform von Kirche
und Gesellschaft, Stuttgart 1971 S. 28-31

L. Lackemann, *Geschichte des Hamburgischen Armen-*
schulwesens von 1815-1871, Hamburg 1910

Ingrid Lahrsen, *Zwischen Erweckung und Rationalismus.*
Hudtwalcker und sein Kreis, Hamburg 1959

Bettina Lindmeier, *Die Pädagogik des Rauhen Hauses.*
Zu den Anfängen der Erziehung schwieriger Kinder
bei Johann Hinrich Wichern, Bad Heilbrunn 1998

Gottfried Mehnert, *Evangelische Presse. Geschichte und*
Erscheinungsbild von der Reformation bis zur Gegenwart,
Witten 1983

Gustav Rauterberg, *Joh. Hinr. Wichern*
und Oberschlesien, Lüchow 1949

Ursula Röper, *Marianne von Rantzau und die Kunst*
der Demut, Stuttgart / Weimar 1997
(Röper, *Marianne von Rantzau*)

Ursula Röper, *Die Basilika der Inneren Mission* in:
Ursula Röper/Carola Jüllig (Hg.), Die Macht der
Nächstenliebe. Einhundertfünfzig Jahre Innere Mission
und Diakonie 1848-1998, Berlin 1998 S. 70-79
(Röper, Basilika)

Dietrich Sattler, *Der Adventskranz und seine Geschichte*,
Hamburg 1997 S.8

Kurt-Victor Selge, *August Neander – ein getaufter
Hamburger Jude*, in: Gerhard Besier / Christof Gestrich
(Hg.), 450 Jahre Evangelische Theologie in Berlin,
Göttingen 1989 S.232-276

Rudolf Sieverts, *J. H. Wichern als Gefängnisreformer*,
in: Karl Janssen / Rudolf Sieverts (Hg.),
Johann Hinrich Wichern – Ausgewählte Schriften,
Gütersloh 1979, Bd. 3 S. 9-24

Werner Stein, *Kulturfahrplan der wichtigsten Daten
der Kulturgeschichte*, Berlin 1954

Helmut Talazko, *Agenten berichten*, in:
Hans Christoph von Hase / Peter Meinhold (Hg.),
Reform von Kirche und Gesellschaft,
Stuttgart 1971 S. 87-99 (Talazko, Agenten)

Helmut Talazko, *Märzrevolution und Wittenberger
Kirchentag*, in: Ursula Röper/Carola Jüllig (Hg.),
Die Macht der Nächstenliebe. Einhundertfünfzig Jahre
Innere Mission und Diakonie 1848-1998,
Berlin 1998 S. 58-67 (Talatzko, Märzrevolution)

Anmerkungen

Erstes Kapitel

[1] Gerhardt, *Der junge Wichern* S. 32

[2] Gerhardt, *Der junge Wichern* S. 16

[3] Gerhardt, *Lebensbild* I S. 18/19

[4] Gerhardt, *Der junge Wichern* S. 17

[5] Gerhardt, *Der junge Wichern* S. 132

[6] Gerhardt, *Der junge Wichern* S. 146

[7] SW VII S. 340

[8] Gerhardt, *Der junge Wichern* S. 201

[9] ein Jugendfreund Wicherns aus Hamburg

[10] GS I S. 87

[11] Brief an Martin Hieronymus Hudtwalcker GS I S. 95

[12] zitiert bei Gerhardt, *Lebensbild* I S. 74

[13] Brief vom 22. März 1834; Wichern,
Jugend- und Brautbriefe S. 196

[14] vgl. Kurt-Victor Selge, *August Neander* S. 235

[15] zitiert bei Gerhardt, *Lebensbild* I S. 81

Zweites Kapitel

[16] vgl. Antje Kraus, *Die Unterschichten Hamburgs* S. 76

[17] zitiert bei L. Lackemann, *Geschichte des Hamburgischen Armenschulwesens* S. 114

[18] *Mittheilungen über Rettungsanstalten*, Vaterstädtische Blätter Nr.16 vom 23 .Februar 1833

[19] Schulstatut, zitiert bei Regina Bohl, *Sonntagsschule* S. 236

[20] SW IV/1 S. 20

[21] SW IV/1 S.24/25

[22] SW IV/1 S.29

[23] *Rettungs-Anstalt für sittlich verwahrloste Kinder in Horn. Protokollbuch der Ausschüsse der Anstalt 1832 bis 1839 Juli*, Nr. 1, Archiv des Rauhen Hauses

[24] SW IV/2 S. 26

[25] Karl Sieveking (1787-1847) war damals einer der einflussreichsten Hamburger Bürger. Als Syndicus war er für die Senats- und Stadtverwaltung verantwortlich.

[26] Gerhardt, *Lebensbild* I S. 134

[27] Gerhardt, *Lebensbild* I S. 134

[28] SW IV/1 S.96

[29] Wichern, *Jugend- und Brautbriefe* S. 160

Drittes Kapitel

[30] SW IV/1 S. 130

[31] SW VII S. 440

[32] SW IV/1 S. 108

[33] SW VII S. 42

[34] SW VII S. 44

[35] SW VII S. 253

[36] SW VII S. 483

[37] vgl. *Festbüchlein des Rauhen Hauses zu Horn*
SW IV/2, S. 17-210

[38] SW VII S. 481

[39] SW VII S. 492

[40] SW VII S. 478

[41] Zitat aus Wicherns Tagebuch; vgl. Dietrich Sattler,
Der Adventskranz S. 8

[42] vgl. Wolfgang Herbst, *Stille Nacht* S. 98-105

[43] Brief vom 27. Mai 1834; SW VIII S. 177/178

[44] zitiert bei Bettina Lindmeier,
Die Pädagogik des Rauhen Hauses S. 314/315

[45] Wichern, *Brautbriefe* S. 210

[46] vgl. SW IV/1 S. 202-220

[47] zitiert bei Bettina Lindmeier,
Die Pädagogik des Rauhen Hauses S. 330

[48] SW IV/2 S. 200

Viertes Kapitel

[49] vgl. Reinhard Freese, *Wichern und Bremen* S. 82-84

[50] Die Liste der von Wichern im Laufe seines Lebens eingesehenen Zeitschriften umfasst rund 145 Titel, vgl. SW X S. 237-241.

[51] GS II S. 93

[52] GS I S. 382

[53] zitiert bei Gerhardt, *Lebensbild* I S. 286

[54] Die „Fliegenden Blätter" wurden in der 1842 eingerichteten Druckerei des Rauhen Hauses hergestellt. Aus ihr entwickelte sich ein Verlag, die „Agentur des Rauhen Hauses", die im Frühjahr 1844 ihren Betrieb aufnahm und bis auf den heutigen Tag christliches Schrifttum verlegt.

[55] SW I S. 73-75

[56] SW I S. 75; ab 1850 gab Wichern zu den „Fliegenden Blättern" regelmäßig ein „Beiblatt" mit unterhaltend-belehrenden Berichten und Erzählungen volksmissionarischer Art heraus.

[57] 1849 wurden die „Fliegenden Blätter" offizielles Organ des Central-Ausschusses der Inneren Mission. Die Auflage stieg auf 2 000 Exemplare. Dem Herausgeber Wichern arbeiteten viele ehrenamtliche Mitarbeiter zu, vor allem die „Agenten" der Inneren Mission in den Landeskirchen. Rund 80 Zeitschriften

wurden für die „Fliegenden Blätter" ausgewertet,
vgl. Gerhardt, *Lebensbild* III S. 326.

[58] vgl. Gottfried Mehnert, *Evangelische Presse* S. 137-146

Fünftes Kapitel

[59] SW IV/1 S. 229-295

[60] SW IV/1 S. 235

[61] SW IV/1 S. 236

[62] SW IV/1 S. 237

[63] SW IV/1 S. 241

[64] SW IV/1 S. 242

[65] SW IV/1 S. 246

[66] SW I S. 103

[67] Einladungsschreiben zitiert bei Helmut Talatzko,
Märzrevolution S. 61

[68] Wicherns berühmte Rede am 22. September 1848
ist weder wortgetreu noch vollständig, sondern lediglich
in einer Nachschrift des Tagungsprotokollanten
überliefert, vgl. SW I S. 155-165

[69] vermutlich Carl Vietor aus Bremen

[70] SW I S. 175-366

[71] SW I S. 180

[72] SW I S. 182

[73] SW I S. 183

[74] SW I S. 199

[75] Mehrfach hat Wichern Stellung gegen den Kommunismus bezogen. Keine seiner öffentlichen Äußerungen erreichte das Niveau einer redlichen Auseinandersetzung. Dazu hätte es u. a. volkswirtschaftlicher Kenntnisse bedurft, über die Wichern nicht verfügte und die sich anzueignen er sich keine Mühe gegeben hat. Revolution und Kommunismus waren in seinen Augen ein und dasselbe. Beides hat er pauschal als Ausgeburt des Unglaubens diffamiert, vgl. *Kommunismus und die Hilfe gegen ihn* (SW I S. 133-151), *Ein Wort über den Kommunismus an alle Stände* (SW II S. 122-129).

[76] SW I S. 200

[77] SW I S. 242

[78] SW I S. 256

[79] SW I S. 254

[80] SW I S. 255

[81] SW I S. 271

[82] SW I S. 313

[83] SW I S. 317

[84] SW I S. 326

[85] SW I S. 327

[86] SW I S. 332

[87] SW I S. 339

[88] zitiert bei Gerhardt, *Lebensbild* II S.258

[89] zitiert bei Maria Klügel, *Wichern* S. 204 - 205

Sechstes Kapitel

90 GS I S. 407

91 Die Jahresberichte des Rauhen Hauses sowie die „Fliegenden Blätter" genossen seit Ende 1846 in Preußen das Privileg der Portofreiheit.

92 Gutachten von 1847 im Archiv des Rauhen Hauses X L 8 (Bestand 61)

93 vgl. Ursula Röper, *Marianne von Rantzau* S. 118-163

94 SW III/1 S. 21-70

95 SW III/1 S.34

96 SW III/1 42; zu Stephanus vgl. Apostelgeschichte 6-8

97 SW III/1 S.43

98 Brief (1840) an Christian Carl Josias von Bunsen; zitiert bei Ursula Röper, *Basilika* S. 73

99 SW III/1 S. 130-184

100 SW III/1 S. 130; Diakonie ist nach Wichern Armenpflege, nicht gleichbedeutend mit der Inneren Mission, sondern Teil von ihr; vgl. auch Volker Herrmann, *„Innere Mission" und „Diakonie"* S. 60-102

101 SW III/1 S.131

102 SW III/1 S. 162

103 SW III/1 S. 169

104 SW III/1 S. 178

105 SW III/1 S. 183/184

106 Wichern am 11. November 1856 an seine Frau,

GS II S.453

[107] Zitat bei Gerhardt, *Lebensbild* II S. 400
[108] SW IV/1 S. 343-344
[109] „Oberhelfer" nannte Wichern Kandidaten der
Theologie, die zeitweise im Rauhen Haus
mitarbeiteten. Er setzte sie überwiegend in der
Ausbildung der Brüder ein.
[110] GS II S. 434
[111] Gustav Rauterberg, *Joh. Hinr. Wichern und
Oberschlesien* S. 97

Siebtes Kapitel

[112] SW IV/1 S. 214
[113] GS I S.120
[114] vgl. Rolf Kramer, *Johann Hinrich Wicherns
Gefängnisreform* S. 287-308
[115] vgl. Reinhard Freese, *Wichern und Bremen* S. 93
[116] S. Jablonowski, *Das religiöse und kirchliche Element
in der Bestrafung* S. 80
[117] vgl. Rudolf Sieverts, *J. H. Wichern als Gefängnisreformer* S. 10
[118] SW VI S. 151
[119] SW VI S. 105
[120] vgl. den Abschnitt über *Gefängnisse, Werk- und
Armenhäuser* in *Notstände der protestantischen*

Kirche und die Innere Mission (SW IV/1 S. 254-262)
sowie Ausführungen Wicherns in der Denkschrift
von 1849 (SW I S. 201-208)

[121] GS II S.181
[122] GS II S. 262
[123] GS II S. 302-303
[124] GS II S. 399
[125] SW IV/2 S. 214
[126] Protokoll des Verwaltungsrats vom 5. Februar 1857,
Archiv des Rauhen Hauses
[127] GS IV S. 124/125
[128] GS IV S. 127
[129] SW IV/2 S. 251
[130] SW IV/2 S. 262
[131] SW IV/2 S. 312
[132] SW IV/2 S. 480; 492; 485
[133] SW IV/2 S. 326-355
[134] zitiert bei Gerhardt, *Lebensbild* III S. 261

Achtes Kapitel

[135] Brief vom 20. September 1839, GS I S. 229/230
[136] Dem ersten Central-Ausschuss gehörten an:
Moritz August von Bethmann-Hollweg, Geheimer
Oberregierungsrat in Bonn; Friedrich Julius Stahl,

Geheimer Justizrat und Professor an der Universität
Berlin; Heinrich von Mühler, Vortragender Rat im
preußischen Kultusministerium; August Abendroth,
Rechtsanwalt in Hamburg und Mitglied des
Verwaltungsrats des Rauhen Hauses; Pfarrer Karl
Büchsel, erster Prediger an der Matthäuskirche in
Berlin; Pfarrer Karl Grossmann, Püchau bei Leipzig;
Albert Ernst Ludwig Karl Graf von Schlippenbach,
Gutsherr bei Prenzlau; Heinrich Eduard Schmieder,
Professor am Predigerseminar zu Wittenberg;
Ernst von Senfft-Pilsach, Geheimer Oberfinanzrat
für das Preußische Königshaus; Johann Hinrich
Wichern

[137] SW II S.20/21

[138] SW II S.22 und 24

[139] Jahr um Jahr vergrößerte sich die Organisation:
Ein 1865 veröffentlichtes Verzeichnis der „Vereine,
Konferenzen, Anstalten", die mit dem Central-
Ausschuss in Verbindung standen, umfasste
20 „Landschaftliche Vereine und Konferenzen
für Innere Mission", 11 Stadtvereine, 32 Pastoral-
konferenzen, 123 Rettungs- und Waisenhäuser,
Kleinkindereinrichtungen, Erziehungsvereine und
„Idiotenanstalten", 5 Brüderhäuser, 10 Diakonissen-
anstalten, 16 Krankenhäuser und Armenvereine,
9 Gefängnisgesellschaften, 2 Enthaltsamkeitsvereine,

8 überregionale Jünglings- und Gesellenvereine,
12 Bibelgesellschaften und Schriftenvereine,
2 Kunst- und Bauvereine, 3 Diasporagesellschaften,
vgl. Gerhardt, *Innere Mission*, S. 220-221

[140] vgl. im folgenden Talazko, *Agenten* S. 87-99

[141] Die Zahl der Teilnehmer an den Kirchentagen und
Kongressen zu Lebzeiten Wicherns schwankte
zwischen 200 (Stuttgart 1850) und 2068
(Hamburg 1858).

[142] SW II S. 99-107

[143] SW VI S. 31-46

[144] SW III/1 S. 100-121

[145] SW III/2 S. 22-32

[146] SW II S. 278-291

[147] SW III/2 S. 56-69

[148] *Der Beruf der Nichtgeistlichen für die Arbeit im Reiche
Gottes* (SW III/2 S. 122-134)

[149] zitiert bei Ingrid Lahrsen,
Zwischen Erweckung und Rationalismus S. 76

Neuntes Kapitel

[150] Zu den Vorlesungen Wicherns in der Brüderanstalt
siehe *Pädagogik für das Rauhe Haus*
(SW VII S. 17-217) sowie *Christliche Erziehungs- und
Unterrichtslehre* (SW VII S. 218-299)

[151] zitiert nach Gerhardt, *Lebensbild* III S. 406

[152] vgl. Gerhardt, *Der junge Wichern*
S. 89, 93, 98 und 115

[153] Erdmann, *Ohne Befehl* S. 30-38 und 63-64

[154] *Die Brüder des Rauhen Hauses unter den Soldaten*
SW IV/2 S. 335-346

[155] SW IV/2 S. 336/337

[156] vgl. *Der Krieg und seine Opfer in Beziehung auf die
christliche Weltordnung* SW V S. 286-305

[157] SW III S. 114-116

[158] Protokoll des Verwaltungsrats (Section für die
Kinderanstalt) vom 1. September 1870,
Archiv des Rauhen Hauses

[159] Wicherns Söhne Heinrich und Louis kämpften im
2.Hanseatischen Infanterieregiment. Louis wurde bei
Langlochère schwer verwundet. Im Januar 1871
starb er in Orléans.

[160] SW III/2 S. 191

[161] SW III/2 S. 114

[162] SW III/2 S. 171-178

[163] SW VII S. 374-534

[164] Pfarrer Theodor Rhiem (1822-1880) ist 1846
als Oberhelfer in das Rauhe Haus eingetreten.
Vier Jahre später wurde er Inspektor.

[165] Brief an Jasper von Oertzen vom 14. Januar 1872
SW IX S. 124

[166] Brief an Dr. Johannes Hermann Sieveking vom
1.Dezember 1871, SW IX S. 111
[167] zitiert bei Gerhardt, *Lebensbild* III S. 543
[168] 1. Johannesbrief 5,4

Zehntes Kapitel

[169] Werner Stein, *Kulturfahrplan* S. 878-879
[170] Brief an Martin Hieronymus Hudtwalker
vom 21. März 1829, GS I S.95
[171] SW IV/1 S.107
[172] SW I S. 232
[173] zitiert bei Karl Kupisch, *Erschütterte Kirche* S. 29
[174] SW I S. 154
[175] SW I S. 273
[176] SW III/1 S. 34
[177] SW VII S. 142
[178] SW VII S. 143
[179] SW VI S. 150